U0457199

《巩固拓展脱贫攻坚成果同乡村振兴有效衔接百问》编写组

主　编：陆汉文

副主编：黄振华　蔡志海

编　委：覃志敏　杨永伟　岳要鹏　于国萍　郭　鹏

编写组成员：

吴晓茹　胡　燕　黄润媛　杨　堉　王婷婷　李璐璐

耿玉超　陶　恒　陈梓清　肖　甜　吴石涛

巩固拓展脱贫攻坚成果同乡村振兴有效衔接

中国扶贫发展中心　组织编写

人民出版社

编写说明

全面推进乡村振兴、加快建设农业强国，是党中央着眼于全面建成社会主义现代化强国作出的战略部署，是实现中华民族伟大复兴的历史性任务。巩固拓展脱贫攻坚成果同乡村振兴有效衔接，是全面乡村振兴的重要前提和基础。脱贫攻坚取得彪炳史册的全面胜利后，各地各部门继续认真学习贯彻习近平总书记关于“三农”工作的重要论述和党中央、国务院的决策部署，接续推进巩固拓展脱贫攻坚成果有效衔接乡村振兴各项工作，不断提高全面小康的成色，夯实全面乡村振兴的基础。

在中国扶贫发展中心的指导下，本书编写组认真学习领会党中央、国务院有关政策精神和要求，以知识问答形式，对有效衔接政策要点进行解读，编写形成本书。全书分为六个篇章，分别是脱贫攻坚的伟大成就、巩固脱贫攻坚成果、有效衔接乡村振兴、健全农村低收入人口常态化帮扶机制、着力提升脱贫地区整体发展水平、全面加强党的集中统一领导，共 102 个知识问答，详细阐释了巩固拓展脱贫攻坚成果同乡村振兴有效衔接的重要意义、基本概念、政策要求等，可供基层从事乡村振兴具体工作的同志查阅使用。

目 录

CONTENTS

第一篇 脱贫攻坚的伟大成就

- 贫困人口全面脱贫
- 贫困地区落后面貌根本改变
- 脱贫群众精神风貌焕然一新
- 创造了减贫治理的中国样本
- 形成脱贫攻坚经验和精神

1　脱贫攻坚以来我国减贫进程如何？

党的十八大以来，中国特色社会主义进入新时代，全面建成小康社会、实现第一个百年奋斗目标进入关键阶段，减贫事业发展也进入了啃硬骨头的冲刺阶段。以习近平同志为核心的党中央，把人民对美好生活的向往作为奋斗目标，把贫困人口全部脱贫作为全面建成小康社会、实现第一个百年奋斗目标的底线任务和标志性指标，将脱贫攻坚纳入“五位一体”总体布局和“四个全面”战略布局，明确到2020年现行标准下农村贫困人口实现脱贫、贫困县全部摘帽、解决区域性整体贫困的目标任务，要求汇聚全党全国全社会之力打赢脱贫攻坚战。

经过八年持续奋斗，到2020年底，中国如期完成新时代脱贫攻坚目标任务，现行标准下9899万农村贫困人口全部脱贫（图1），832个贫困县全部摘帽（图2），12.8万个贫困村全部出列，区域性整体贫困得到解决，完成了消除绝对贫困的重大历史任务，提前十年实现了《联合国2030年可持续发展议程》减贫目标，创造了一个彪炳史册的人间奇迹！

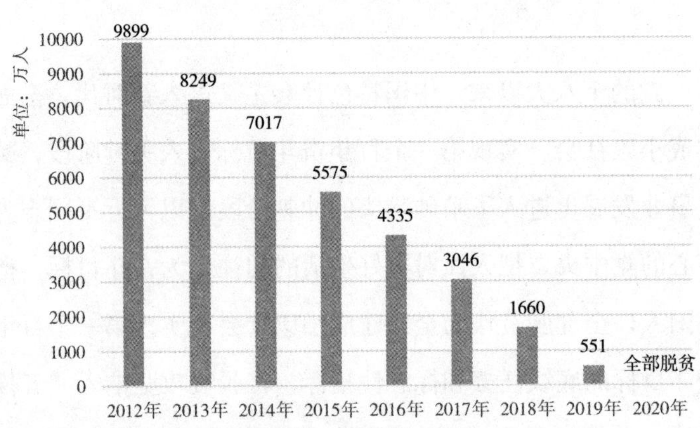

图 1　脱贫攻坚战以来农村贫困人口

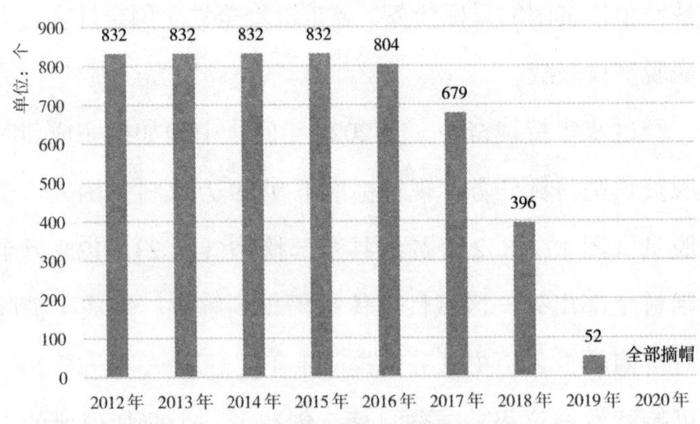

图 2　脱贫攻坚战以来贫困县数量

脱贫攻坚以来贫困人口收入水平发生了哪些变化？

脱贫攻坚以来，以习近平同志为核心的党中央，在党的十八大和党的十九大分别确立让“城乡居民平均收入在2010年基础上翻一番”和“人民生活更加殷实”的目标。经过不懈努力，我国贫困地区农村居民人均可支配收入逐年递增(图3)，从2013年的6079元增长到2020年的12588元，年均增长11.6%，增长持续快于全国农村，增速比全国农村居民人均可支配收入高2.3个百分点。

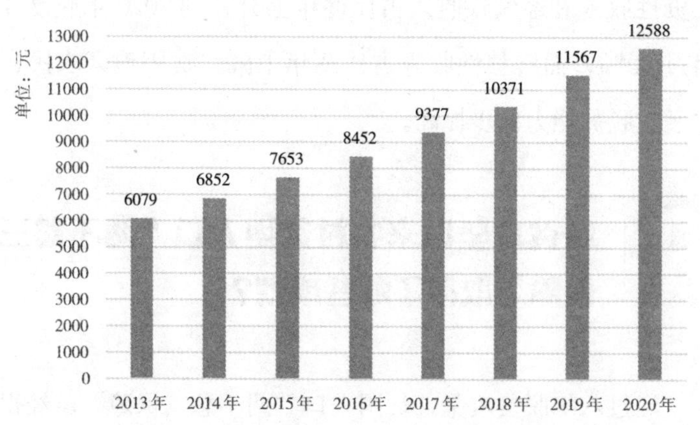

图3　贫困地区农村居民人均可支配收入

脱贫攻坚以来贫困人口收入结构有什么变化趋势？

脱贫攻坚中，我国坚持开发式扶贫方针，针对有劳动能力的贫困人口，通过加大产业扶贫、就业扶贫力度，不断提高贫困人口自我发展能力。根据国家脱贫攻坚普查，建档立卡以来享受过产业帮扶政策的建档立卡户为1465.8万户，占全部建档立卡户的98.9%；有家庭成员享受过就业帮扶政策的建档立卡户为1390.6万户，占全部建档立卡户的93.8%。在这些帮扶措施之下，贫困人口人均可支配收入中工资性收入和经营性收入占比逐年上升，到2020年底已经超过80%，而转移性收入占比逐年下降，贫困地区农民自主增收脱贫能力稳步提高。

脱贫攻坚以来农村贫困人口“两不愁三保障”取得了哪些成就？

经过八年脱贫攻坚，贫困人口“两不愁三保障”已经得到全面实现，主要体现在以下五个方面。

第一，“两不愁”全面实现。贫困户在日常生活中实现了既可以吃得饱也能够适当吃得好，一年四季都有应季的换洗衣物、鞋子和御寒的被褥，吃、穿“两不愁”质量水平不断提升。

第二，义务教育有保障全面实现。贫困家庭子女受教育的机会显著增多、水平持续提高，义务教育阶段辍学问题实现动态清零，2020 年贫困县九年义务教育巩固率达到 94.8%。

第三，基本医疗有保障全面实现。构建起较为完善的县乡村三级医疗卫生服务体系，贫困人口全部纳入基本医疗保险、大病保险、医疗救助的三重制度保障范围中，实施大病集中救治、慢病签约管理、重病兜底保障等措施，99.9%以上的贫困人口参加基本医疗保险，全面实现贫困人口看病有地方、有医生、有医疗保险制度保障，看病难、看病贵问题得到了有效解决。

第四，住房安全有保障全面实现。在贫困地区实施农村危房改造工程，2013 年以来，国家提供资金补助，累计有 790 万户 2568 万贫困人口告别泥草房 、土坯房等危房，住上了安全住房，支持 1075 万户农村低保户、分散供养特困人员、困难残疾人户等改造危房，到 2020 年底所有贫困人口都住上了安全的房屋。

第五，饮水安全有保障全面实现。实施农村饮水安全和巩固提升工程，累计解决2889万贫困人口的饮水安全问题，饮用水量和水质全部达标，3.82亿农村人口受益；贫困地区自来水普及率从2015年的70%提高到2020年的83%。

5 脱贫攻坚以来少数民族和民族地区取得了怎样的减贫效果？

在脱贫攻坚中，我国始终把民族地区和少数民族群众作为脱贫攻坚的重点区域、重点群体，将大部分民族地区纳入深度贫困地区，把“三区三州”作为深度贫困地区攻坚的主战场，脱贫资金、项目、举措优先向这些地区倾斜。通过脱贫攻坚，少数民族贫困人口全部脱贫，生产生活条件大幅改善，群众获得感、幸福感、安全感显著增强，民族地区发展面貌日新月异，区域性整体贫困问题彻底解决。

一方面，少数民族贫困人口全部脱贫。2012年内蒙古、宁夏、新疆、西藏、广西5个自治区和贵州、云南、青海3个多民族省份（以下简称“民族八省区”）贫困人口达3121

万人，贫困发生率为20.8%，到2020年底现行标准下民族八省区农村贫困人口已全部脱贫，其中2016—2020年，民族八省区累计减少1560万贫困人口，全国民族自治地方420个贫困县全部脱贫摘帽，28个人口较少民族全部整族脱贫，一些新中国成立后“一步跨千年”进入社会主义社会的“直过民族”，实现了从贫穷落后到全面小康的第二次历史性跨越。

另一方面，少数民族贫困人口收入快速增长。2016—2020年，民族八省区建档立卡贫困人口年人均纯收入从4203元增长到10770元，增幅达156%，民族八省区贫困群众的人均纯收入高于全国建档立卡贫困人口的水平，年均增速高于同期全国农村水平。

6　脱贫攻坚以来特殊困难群体生存发展权利保障方面取得了哪些成就？

党和政府高度重视保障特殊困难群体的生存和发展权利，对妇女、儿童、老人和残疾人等群体中的特殊困难人员给予了高度重视，在脱贫攻坚路上，秉持一个也不能落下的原则，确保特殊困难群体生存发展权利得到有效保障。

一是我国贫困妇女的生存发展状况得到了显著改善。扶贫政策、资金、措施优先向贫困妇女倾斜，致力于减少贫困妇女数量，脱贫的近1亿贫困人口中妇女就占了一半。对1021万名贫困妇女和妇女骨干进行各类技能培训，500多万名贫困妇女通过手工、种植养殖、家政、电商等增收脱贫。给贫困妇女发放小额担保贷款和扶贫小额信贷4500多亿元，870万名妇女实现创业增收，缓解了妇女的贫困程度。救助19.2万名贫困患病妇女，贫困地区妇女宫颈癌、乳腺癌两项免费检查项目全覆盖。投入41.7亿元，实施“母亲水窖”“母亲健康快车”“母亲邮包”等公益项目，惠及贫困妇女5000余万人次。

二是困境儿童生存发展水平得到了显著改善。持续实施贫困地区儿童营养改善项目，为集中连片特困地区6—24月龄婴幼儿每天免费提供1包辅食营养补充品，截至2020年底累计1120万儿童受益。实施出生缺陷干预救助项目，拨付救助金4.7亿元，累计救助患儿4.1万名。组织各类志愿者与孤儿、农村留守儿童、困境儿童结对帮扶，累计覆盖了儿童和家长2519.2万人次。建立儿童之家28万余所、儿童快乐家园1200余个，为留守、困境儿童提供关爱服务。大幅提高孤儿保障水平，实施孤儿医疗康复明天计划项目、福彩梦圆孤儿助学工程等，切实提升了孤儿权益。

三是贫困老年人生活和服务保障显著改善。逐年持续提高农村养老金待遇和贫困老年人口医疗保障水平，农村老年人口贫困问题有效解决。对经济困难的高龄、失能老年人全面建立补贴制度，累计惠及了 3689 万老年人。实施老年健康西部行项目，建立农村留守老年人关爱服务制度，提高了老年人健康服务水平。核查确认 62.7 万失能贫困老年人，提供关爱服务，落实家庭医生签约服务 59 万人，改善失能贫困老年人健康状况。

四是贫困残疾人保障水平全面提升。将贫困残疾人全部纳入基本医疗保险、大病保险，累计 54.7 万贫困残疾人得到医疗救助；通过提供困难残疾人生活补贴和重度残疾人护理补贴，累计惠及 2400 多万残疾人；与此同时 1066.7 万残疾人被纳入最低生活保障、178.5 万户贫困残疾人家庭住房安全问题得到解决、8 万余名家庭经济困难的残疾儿童接受普惠性学前教育、65.3 万户贫困重度残疾人家庭完成无障碍改造，贫困残疾人保障水平显著提高，全国 700 多万贫困残疾人全部实现如期脱贫。

脱贫攻坚以来贫困地区基础设施建设方面取得了哪些成就？

脱贫攻坚以来，贫困地区基础设施显著改善，困扰贫困群众的出行难、用电难、用水难、通信难等问题得到有效解决，贫困地区与外界的人流、物流、知识流、信息流越来越畅通，为贫困地区发展提供了有力的支撑。

第一，贫困地区交通条件极大改善。党的十八大以来，贫困地区新增5.1万个建制村通硬化路，具备条件的建制村100%通硬化路、99.99%通客车，贫困地区群众“出门水泥路，抬脚上客车”的梦想变成现实。截至2020年底，全国贫困地区新增铁路里程3.5万公里，新改建公路110万公里，“四好农村路”连片成网，极大缩短了往返城乡的距离，深刻改变了农村的生产生活条件和社会风貌，农村“出行难”成为历史，为偏远闭塞的乡村开辟了通往现代化的大道。

第二，贫困地区水利设施短板补齐。到2020年底，农村贫困人口饮水安全有保障全面实现。2016年以来，新增和改善农田有效灌溉面积8029万亩，新增供水能力181亿立方米，水利支撑贫困地区发展的能力显著增强。

第三，贫困地区用电条件大幅提升。2013 年以来，实施全面解决无电人口用电问题三年行动计划，到 2015 年实现了全国人口用上电。通过实施新一轮农网改造升级，农网供电可靠率达到 99.8%、综合电压合格率达到 99.7%，农村居民用电条件明显改善。至 2020 年底，实现了全国县级行政区全部接入大电网。实施贫困村通动力电工程，截至 2020 年底，大电网覆盖范围内贫困村通动力电比例达到 100%。

第四，贫困地区通信设施提档升级。贫困地区信息化建设实现跨越式发展，截至 2020 年底，全国行政村通光纤、行政村通 4G 以及贫困村通宽带比例均已超过 98%，电子商务进农村综合示范已实现对贫困县全覆盖。

8 脱贫攻坚以来贫困地区基本公共服务方面取得了哪些成就？

脱贫攻坚以来，在解决好贫困人口吃饭、穿衣、居住等温饱问题的基础上，贫困地区基本公共服务水平明显提升，为贫困地区发展夯实基础、积蓄后劲。

第一，教育发展短板逐步补齐。2013 年以来，累计改造贫困地区义务教育薄弱学校 10.8 万所，实现贫困地区适龄儿童都能在所在村上幼儿园和小学。农村学校办学条件得到显著改善，截至 2020 年底，所有贫困县均完成全面改善贫困地区农村义务教育薄弱学校基本办学条件的任务。

第二，公共文化服务水平提升。截至 2020 年底，中西部 22 个省份基层文化中心建设完成比例达到 99.48%，基本实现村级文化设施全覆盖；通过持续推进文化下乡，贫困群众也有了丰富多彩的业余文化生活。

第三，医疗卫生条件显著改善。全面消除了乡村两级医疗卫生机构和人员“空白点”，98%的贫困县至少有一所二级医院，贫困地区县级医院收治病种中位数达到全国县级医院整体水平的 90%，贫困人口的常见病、慢性病基本能够就近获得及时诊治，越来越多的大病在县域内就可以得到有效救治。

第四，综合保障体系日益健全。最低生活保障制度和扶贫开发政策衔接不断完善，贫困县农村低保标准全部超过国家扶贫标准，1936 万贫困人口纳入农村低保或特困救助供养政策；6098 万贫困人口参加了城乡居民基本养老保险，基本实现应保尽保。

9 脱贫攻坚以来贫困地区经济发展方面取得了哪些成就？

脱贫攻坚极大释放了贫困地区蕴含的潜力，为经济发展注入强大动力。

一方面，贫困地区产业结构显著改善。通过脱贫攻坚，贫困地区特色优势产业不断发展，电子商务、光伏、旅游等新业态新产业蓬勃兴起，推动了贫困地区经济多元化发展，扩大了市场有效供给，为经济发展奠定了坚实基础。

另一方面，贫困地区的地区生产总值持续保持较快增长。2015—2020 年，贫困地区人均一般公共预算收入年均增幅高出同期全国平均水平约 7 个百分点。收入的持续稳定增长，激发了贫困群众提升生活品质、丰富精神文化生活的需求，拉动了庞大的农村消费，为促进国内大循环提供了有力支撑。

10 脱贫攻坚以来贫困地区文化传承方面取得了哪些成就？

脱贫攻坚以来，贫困地区传统文化、特色文化、民族文化得到较好保护、传承和弘扬，贫困地区优秀文化繁荣发展。通过实施国家传统工艺振兴工程，引导和推动革命老区、民族地区、边疆地区、贫困地区保护好、发展好当地优秀传统技艺；通过支持贫困地区深入挖掘民族文化、红色文化、乡土文化、非物质文化遗产特色资源，加强保护研究、人才培养、展示推广，打造出特色文化旅游产业；通过开展留存扶贫印记活动，建立贫困村扶贫档案，鼓励支持扶贫题材影视文艺作品创作，生动记录脱贫致富历程。贫困地区优秀文化的保护传承，既促进了贫困群众增收致富，也延续了文脉、留住了乡愁。

11 脱贫攻坚以来贫困地区生态建设方面取得了哪些成就？

《中共中央、国务院关于打赢脱贫攻坚战的决定》指出，脱贫攻坚必须坚持“保护生态，实现绿色发展”的原则。贫困地区通过牢固树立“绿水青山就是金山银山”的理念，把生态保护放在优先位置，探索生态脱贫新路子，让贫困人口从生态建设与修复中得到更多实惠。

在具体实践中，各地将扶贫开发与水土保持、环境保护、生态建设相结合，通过生态扶贫、农村人居环境整治、生态脆弱地区易地扶贫搬迁等措施，贫困地区生态保护水平明显提高，110多万贫困群众当上护林员，守护绿水青山，换来了金山银山。脱贫攻坚既促进了贫困人口“增收”，又促进了贫困地区“增绿”，极大改善了贫困地区生态环境，广大农村村容村貌极大改观，生态宜居水平不断提高。总之，通过脱贫攻坚，贫困地区生态环境变得更美、更好。

12　脱贫攻坚以来深度贫困地区发生了哪些显著变化？

深度贫困地区脱贫攻坚是事关脱贫攻坚战成败的硬骨头，是影响全面建成小康社会的最大短板。从2018年开始，中央层面的各项政策、资金和举措都在向深度贫困地区倾斜，中央财政对深度贫困地区投入的资金达到2140亿元，其中用于“三区三州”的达到1050亿元。同时，国务院扶贫办大力动员社会力量向深度贫困地区倾斜，形成一个适应深度贫困地区脱贫攻坚需要的支撑保障体系。

在全党全国各族人民的共同努力下，全国334个深度贫困县如期脱贫，“三区三州”等深度贫困地区突出问题得到根本解决，基础设施和公共服务水平显著提升，特色主导产业加快发展，社会文明程度明显提高，区域性整体贫困问题彻底解决。在四川大凉山，“悬崖村”阿土列尔村村民走下“天梯”迁入昭觉县城的新家；在青海互助土族自治县班彦新村，人们重拾家传的酩馏酒酿造技艺办起酿酒作坊；在西藏白朗县，214户贫困户投入蔬菜产业，年户均增收3万多元。

13 脱贫攻坚以来贫困地区基层治理能力方面有哪些显著变化？

提高贫困地区基层治理能力，是我国建立完善国家治理体系和治理能力现代化的重要一环。打赢脱贫攻坚战是国家在贫困治理领域的成功实践，在此过程中，贫困地区基层治理能力得到了显著提升。

第一，基层党组织战斗堡垒作用更为突出。各地在脱贫攻坚中，坚持党建引领，通过持续紧抓党建，整顿软弱涣散基层党组织，因村派人、科学组队，选派第一书记和驻村工作队，把农村致富能手、退役军人、外出务工经商返乡人员、农民合作社负责人、大学生村官等群体中具有奉献精神、吃苦耐劳、勇于创新的优秀党员选配到村党组织书记岗位上，优化了贫困村党组织队伍，提高了基层党组织的凝聚力和战斗力，密切了党群、干群关系，使得农村基层党组织更加坚强，党在农村的执政基础更加牢固。

第二，基层群众自治更加有效。脱贫攻坚中，在精准识别、精准施策、精准退出等过程中广泛吸纳群众参与，有力推动贫困地区基层民主政治的建设。通过完善村委会（居委会）职责，贫困群众自我管理、自我教育、自我服务、自我监督能力不断加强。村务公开有效落实，村（居）“三重一大”问题始终坚持群众参与、民主决策，群众参与基层治理的积极性、主动性、创造性进一步增强。通过脱贫攻坚，到2020年底实现了全国贫困村的村均集体经济收入超过12万元，增强了村级组织自我保障和服务群众的能力。

第三，基层“三农”工作队伍不断壮大 。2013年以来，累计在全国选派了300多万名第一书记和驻村干部开展精准帮扶，培养了一批心系群众、具有献身精神的基层干部和扶贫干部，推动了一大批教育、科技、医疗卫生、文化等领域的专业人才支援贫困地区建设，鼓励了一大批企业家到贫困地区投资兴业、大批高校毕业生回报家乡，有效地壮大了懂农业、爱农村、爱农民的“三农”工作队伍。

第四，基层社会治理水平显著提升。通过在贫困地区引入先进发展理念、现代科技手段和科学管理模式，显著提升了贫困地区的社会治理水平。网格化管理、精细化服务、信息化支撑、开放共享的基层管理服务体系的建立和完善，推动了社会治理的社会化、法治化、智能化、专业化水平的提升，基层社会矛盾预防和化解能力显著增强，贫困地区社会更加和谐、稳定、有序。

14 脱贫攻坚以来脱贫群众精神风貌发生了哪些重大变化？

脱贫攻坚的成果不仅体现在物质方面，也体现在精神方面。脱贫攻坚战取得全面胜利，贫困群众的精神风貌也焕然一新。

第一，脱贫群众致富热情日益高涨。脱贫攻坚以来，贫困地区居民生产经营、创业就业渠道不断拓宽，居民收入也随之持续增加，唤醒了贫困群众对美好生活的向往和追求，激发了他们自强不息、自力更生、勤劳致富的内心动力，贫困群众中产生了日益高涨的脱贫致富热情。

第二，脱贫群众主人翁意识显著提升。脱贫攻坚中大力提倡群众参与重大事项决策、项目实施、资金使用等集体事务，不仅增强了村庄凝聚力，还激发了贫困群众建设家乡的热情，增强了其主人翁意识。

第三，脱贫群众现代观念不断增强。交通基础设施打破了贫困地区与外界的自然条件限制，公共文化事业的发展丰富了贫困群众的精神文化生活，互联网的普及开阔了贫困群众的视野，贫困群众科技意识、规则意识、市场意识、开放意识、创新意识不断增强。

第四，脱贫地区文明新风广泛弘扬。通过开展文明村镇、文明家庭、五好家庭创建评比，建设新时代文明实践中心，发挥村规民约作用，推广道德评议会、红白理事会等，一系列移风易俗、文明新风行动推动贫困地区文明程度显著提升。科学、健康、文明的生活方式日益普及，婚事新办、丧事简办、孝亲敬老、邻里和睦、扶危济困、扶弱助残等社会风尚得到了广泛弘扬。

15　我国的减贫和发展为全球减贫作出了什么贡献？

一部新中国的历史也是一部中华民族与贫困斗争、不断谋求发展的历史。改革开放以来，7.7 亿农村贫困人口摆脱贫困，占同期全球减贫人口的 70%以上。特别是实施精准扶贫以来，中国平均每年减少贫困人口 1300 多万，7 年减少 9300 多万。中国打赢脱贫攻坚战，显著缩小了世界贫困人口的版图，加速了世界减贫进程，为实现 2030 年可持续发展议程所描绘的更加美好和繁荣的世界作出了巨大贡献。

16 如何理解中国脱贫攻坚为全球减贫提供了中国方案？

消除贫困是全球性难题，不同国家基于各自国情和发展阶段，采取不同的减贫方略，共同致力于建立一个没有贫困的世界。中国减贫立足本国国情，深刻把握中国贫困特点和贫困治理规律，走出了一条中国特色减贫道路，形成了中国特色反贫困理论。中国在脱贫攻坚中形成的一套治理体系、科学方法，在减贫实践中探索形成的宝贵经验，既是中国的也是世界的，中国脱贫攻坚为全球减贫提供了中国方案，可以为其他国家实现减贫目标提供借鉴。联合国秘书长古特雷斯曾高度肯定中国的减贫方略，他指出：“精准减贫方略是帮助最贫困人口、实现2030年可持续发展议程宏伟目标的唯一途径。中国已实现数亿人脱贫，中国的经验可以为其他发展中国家提供有益借鉴。”中国积极参与全球减贫合作，分享交流减贫经验，携手推进国际减贫进程，必将为构建没有贫困、共同发展的人类命运共同体作出更大贡献。

17 | 脱贫攻坚的基本经验是什么？

脱贫攻坚取得举世瞩目的成就，靠的是党的坚强领导，靠的是中华民族自力更生、艰苦奋斗的精神品质，靠的是新中国成立以来特别是改革开放以来积累的坚实物质基础，靠的是一任接着一任干的坚守执着，靠的是全党全国各族人民的团结奋斗。我们立足国情，走出了一条具有中国特色的减贫道路，在实践中探索形成了宝贵的脱贫经验。

一是坚持以人民为中心。中国共产党始终把人民放在最高位置，在脱贫攻坚的实践中，广大党员、干部以热血赴使命、以行动践诺言，用自己的辛劳换来贫困群众的幸福。新时代脱贫攻坚实践，深刻诠释了以人民为中心的理念，是中国共产党全心全意为人民服务的宗旨在新时代最集中、最充分、最生动的体现。

二是把减贫摆在治国理政突出位置。党的十八大以来，中国共产党把脱贫攻坚摆在治国理政的突出位置，加强党的集中统一领导，统筹谋划、强力推进。从党的领袖到广大党员干部，情系贫困群众、心怀减贫大业，全党目标一致、上下同心。通过加强顶层设计和战略规划，加大投入力度，建立脱贫攻坚责任体系、政策体系、组织体系、投入体系、动员体系、监督体系、考核评估体系等制度体系，为打赢脱贫攻坚提供了有力支撑。

三是用发展的办法消除贫困。中国共产党始终把发展作为执政兴国的第一要务，把改革作为消除贫困的重要推动力。实践表明，发展是消除贫困最有效的办法、创造幸福生活最稳定的途径。唯有发展，才能为经济社会发展和民生改善提供科学路径和持久动力；唯有发展，才能更好保障人民的基本权利；唯有发展，才能不断满足人民对美好生活的热切向往。

四是立足实际推进减贫进程。贫困问题具有多样性和复杂性，致贫原因也呈现差异性和多元性。中国立足本国国情，根据不同发展阶段和经济社会发展水平，根据贫困人口规模、分布、结构等的变化，科学制定减贫标准、目标、方略，不断创新减贫理念、方法、手段，循序渐进、持续用力、滴水穿石，取得了脱贫攻坚的全面胜利。

五是发挥贫困群众主体作用。贫困群众是脱贫致富的主体，脱贫攻坚实践证明，充分尊重、积极发挥贫困群众主体作用，激发培育贫困群众内生动力，增强参与发展、共享发展、自主发展的能力，既能使贫困群众成为减贫的受益者，也能成为发展的贡献者。

六是汇聚各方力量形成强大合力。为打赢脱贫攻坚战，中国共产党依托严密组织体系和高效运行机制，广泛有效动员和凝聚各方力量，构建起政府、社会、市场协同推进，专项扶贫、行业扶贫、社会扶贫互为补充的大扶贫格局，形成跨地区、跨部门、跨单位、全社会共同参与的多元主体的社会扶贫体系，共同促成打赢脱贫攻坚战。

18 ｜ 如何理解脱贫攻坚精神？

2021 年 2 月 25 日，习近平总书记在全国脱贫攻坚总结表彰大会上指出：伟大事业孕育伟大精神，伟大精神引领伟大事业。脱贫攻坚伟大斗争，锻造形成了“上下同心、尽锐出战、精准务实、开拓创新、攻坚克难、不负人民”的脱贫攻坚精神。脱贫攻坚精神，是中国共产党性质宗旨、中国人民意志品质、中华民族精神的生动写照，是爱国主义、集体主义、社会主义思想的集中体现，是中国精神、中国价值、中国力量的充分彰显，赓续传承了伟大民族精神和时代精神。

第一，上下同心，尽锐出战，在脱贫攻坚中凝心聚力，全力决战决胜。党的十八大以来，以习近平同志为核心的党中央把脱贫攻坚摆在治国理政的突出位置，把脱贫攻坚作为全面建成小康社会的底线任务。习近平总书记亲自挂帅，8年来先后7次主持召开中央扶贫工作座谈会，50多次调研扶贫工作，走遍14个集中连片特困地区。在脱贫攻坚的伟大实践中，中央统筹、省负总责、市县抓落实的工作机制不断强化，五级书记抓扶贫、全党动员促攻坚的局面逐渐形成。

第二，精准务实，开拓创新，精准直面问题，走出中国特色减贫道路。党的十八大以来，我国坚持精准扶贫方略，围绕扶持谁、谁来扶、怎么扶、如何退、如何稳等问题，因村因户因人施策，对症下药、精准滴灌、靶向治疗，真正发挥拔穷根的作用。我们坚持开发式扶贫方针，坚持把发展作为解决贫困的根本途径，实现由“输血式”扶贫向“造血式”帮扶转变，开创了中国特色的减贫道路。

第三，攻坚克难，不负人民，啃下“硬骨头”，坚持全心全意为人民。攻坚克难，体现了中国人民不畏艰难、敢于斗争、善于斗争、奋发勇为、坚韧不拔的奋斗精神。坚持以人民为中心的发展思想，坚定不移地走共同富裕道路，这既是中国共产党人初心和使命的坚守，也是坚持全心全意为人民服务宗旨的重要体现。实践证明，只有实现好、维护好、发展好最广大人民群众的根本利益，不负人民，不负期盼，同进于大道，共臻于大同，才能在脱贫攻坚的道路上战胜一切艰难险阻，一往无前。

19　脱贫攻坚对于乡村振兴有哪些启示和借鉴？

脱贫攻坚的伟大实践，充分展现了我们党领导亿万人民坚持和发展中国特色社会主义创造的伟大奇迹，充分彰显了中国共产党领导和我国社会主义制度的政治优势。脱贫攻坚中形成的一套体制机制、治理手段等也为接续推进乡村振兴提供了有益启示和借鉴。

第一，坚持党的全面领导，发挥制度优势。坚持党的全面领导，坚持中央统筹、省负总责、市县乡抓落实的工作机制，充分发挥各级党委总揽全局、协调各方的领导作用，省市县乡村五级书记抓巩固拓展脱贫攻坚成果和乡村振兴。总结脱贫攻坚经验，可以接续发挥脱贫攻坚制度体系、工作体系在乡村振兴中的作用。

第二，坚持政府主导，推动社会、市场协同发力。坚持行政推动与市场机制有机结合，发挥集中力量办大事的优势，广泛动员社会力量参与，形成巩固拓展脱贫攻坚成果、全面推进乡村振兴的强大合力。

第三，坚持群众主体，激发内生动力。坚持扶志扶智相结合，防止政策养懒汉和泛福利化倾向，发挥奋进致富典型示范引领作用，激励有劳动能力的低收入人口勤劳致富。

第四，坚持精准施策，助推乡村振兴。坚持精准施策是脱贫攻坚战获胜的关键，实施乡村振兴战略，也要坚持精准施策。要科学把握各地特色、民俗风情、文化传承和历史脉络，立足于乡村的多样性和差异性，抓住关键环节、聚焦发力，把握乡村发展趋势、分类施策。

第二篇　巩固脱贫攻坚成果

- 保持主要帮扶政策总体稳定
- 健全防止返贫动态监测和帮扶机制
- 巩固『两不愁三保障』成果
- 做好易地扶贫搬迁后续扶持工作
- 加强扶贫项目资产管理和监督

20 | 为什么要设立过渡期？

打赢脱贫攻坚战、全面建成小康社会后，要进一步巩固拓展脱贫攻坚成果，接续推动脱贫地区发展和乡村全面振兴。为此，党中央、国务院提出在脱贫攻坚目标任务完成后，对摆脱贫困的县，从脱贫之日起设立5年过渡期。设立过渡期对于巩固拓展脱贫攻坚成果和乡村振兴具有十分重要的作用。

第一，设立过渡期是巩固拓展脱贫攻坚成果的内在要求。截至2020年，我国现行标准下农村贫困人口全部实现脱贫、贫困县全部摘帽、区域性整体贫困得到解决，脱贫攻坚战取得全面胜利。但在脱贫攻坚目标任务完成后，脱贫地区、脱贫人口的进一步发展依然面临诸多挑战，突出表现为部分人口稳定脱贫质量不高、部分易地扶贫搬迁群众稳定脱贫困难较多、部分脱贫地区后续发展基础依然相对薄弱等。通过设立过渡期，可以保证现有帮扶政策总体稳定，做到“工作不留空档、政策不留空白”，避免出现“急刹车”现象，从而更好地应对巩固拓展脱贫攻坚成果所面临的新问题新挑战。

第二，设立过渡期是接续推进乡村振兴的必要举措。脱贫摘帽不是终点，而是新生活、新奋斗的起点。从脱贫攻坚到乡村振兴，是我国“三农”工作重心的历史性转移。这一转移不能一蹴而就，需要有一个逐步过渡的过程。通过设立过渡期，可以有较为充足的时间逐项分类优化调整帮扶政策，合理把握政策节奏、力度和时限，统筹做好推进乡村振兴工作的各项基础性工作，从而逐步实现由集中资源支持脱贫攻坚向全面推进乡村振兴的平稳过渡。

21 | 过渡期的主要任务和目标是什么？

设立过渡期，一方面要求巩固拓展脱贫攻坚成果，另一方面需要接续推进乡村振兴。在过渡期内，二者需要有效衔接，并有明确的任务和目标要求。从主要任务上看，重点包括两个方面。

一是避免规模性返贫和提高脱贫稳定性。在过渡期内需在巩固拓展脱贫攻坚成果上下更大功夫、想更多办法、给予更多后续帮扶支持，对脱贫县、脱贫村、脱贫人口扶上马送一程，确保不出现规模性返贫。在主要帮扶政策保持总体稳定的基础上，分类优化调整，合理把握调整节奏、力度和时限，增强脱贫稳定性。

二是实现从脱贫攻坚到乡村振兴平稳过渡。脱贫地区要根据形势变化，理清工作思路，做好过渡期内领导体制、工作体系、发展规划、政策举措、考核机制等有效衔接，从重点解决建档立卡贫困人口“两不愁三保障”转向实现乡村产业兴旺、生态宜居、乡风文明、治理有效、生活富裕，从集中资源支持脱贫攻坚转向巩固拓展脱贫攻坚成果和全面推进乡村振兴。

过渡期内的主要目标是：到 2025 年，脱贫攻坚成果巩固拓展，乡村振兴全面推进，脱贫地区经济活力和发展后劲明显增强，乡村产业质量效益和竞争力进一步提高，农村基础设施和基本公共服务水平不断提升，生态环境持续改善，美丽宜居乡村建设扎实推进，乡风文明建设取得显著进展，农村基层组织建设稳步增强，农村低收入人口分类帮扶长效机制逐步完善，脱贫地区农民收入增速高于全国农民平均水平。

22 | “四个不摘”的内容与要求是什么？

中央明确要求，过渡期内要严格落实“四个不摘”要求，即摘帽不摘责任，摘帽不摘政策，摘帽不摘帮扶，摘帽不摘监管。“四个不摘”是巩固拓展脱贫攻坚成果和乡村振兴的重要举措，有着非常明确的内容和要求。

首先，摘帽不摘责任，防止松劲懈怠。在脱贫攻坚目标任务完成后，落实责任依然不能松劲。要健全中央统筹、省负总责、市县乡抓落实的工作机制，构建责任清晰、各负其责、执行有力的领导体制，层层压实责任。要继续强化党政一把手的责任机制，明确县级党委和政府主要负责人是第一责任人，在后续发展中不断强化责任意识和主体意识，全力做好巩固拓展脱贫攻坚成果和乡村振兴工作。

其次，摘帽不摘政策，防止“急刹车”。在脱贫攻坚目标任务完成后，要保持主要帮扶政策总体稳定，贫困县、贫困村、贫困户脱贫后仍可继续享受现有的国家帮扶政策。通过摘帽不摘政策，确保“工作不留空档、政策不留空白”，避免出现“急刹车”现象。

再次，摘帽不摘帮扶，防止一撤了之。在脱贫攻坚目标任务完成后，还要对易返贫致贫人口加强监测，做到早发现、早干预、早帮扶。对脱贫地区产业要长期培育和支持，促进内生可持续发展。对易地扶贫搬迁群众要搞好后续扶持，多渠道促进就业，强化社会管理，促进社会融入。要坚持和完善驻村第一书记和工作队、东西部协作、对口支援、社会帮扶等制度，并根据形势和任务变化进行完善。

最后，摘帽不摘监管，防止贫困反弹。在脱贫攻坚目标任务完成后，要把防止返贫放在突出位置。要健全防止返贫动态监测机制，对脱贫不稳定户、边缘易致贫户，以及因病因灾因意外事故等刚性支出较大或收入大幅缩减导致基本生活出现严重困难户，开展定期检查、动态管理。要健全防止返贫大数据监测平台，充分利用先进技术手段提升监测准确性。建立农户主动申请、部门信息比对、基层干部定期跟踪回访相结合的易返贫致贫人口发现和核查机制。

23　如何理解过渡期内保持主要帮扶政策总体稳定？

保持主要帮扶政策总体稳定是巩固拓展脱贫攻坚成果和接续推进乡村振兴的重要举措。保持主要帮扶政策总体稳定既要确保现有政策的延续性，又要注意对现有帮扶政策的优化和调整。

第一，保证现有帮扶政策延续性。过渡期内严格落实“四个不摘”要求，摘帽不摘责任，防止松劲懈怠；摘帽不摘政策，防止“急刹车”；摘帽不摘帮扶，防止一撒了之；摘帽不摘监管，防止贫困反弹。兜底救助类政策要继续保持稳定。对脱贫地区产业帮扶还要继续，补齐技术、设施、营销等短板，促进产业提档升级。要强化易地搬迁后续扶持，多渠道促进就业，加强配套基础设施和公共服务，搞好社会管理，确保搬迁群众稳得住、有就业、逐步能致富。

第二，逐步优化调整现有帮扶政策。保持主要帮扶政策总体稳定并非对现有帮扶政策不做改变，而是应当根据实际情况做到该延续的延续、该优化的优化、该调整的调整。在过渡期内，应落实好教育、医疗、住房、饮水等民生保障普惠性政策，并根据脱贫人口实际困难给予适度倾斜。对于产业就业等发展类政策，应当进一步优化完善。对于现行帮扶政策，应逐项分类优化调整，合理把握节奏、力度和时限，逐步实现由集中资源支持脱贫攻坚向全面推进乡村振兴平稳过渡，推动“三农”工作重心历史性转移。应抓紧出台各项政策完善优化的具体实施办法，确保工作不留空档、政策不留空白。

24 巩固拓展脱贫攻坚成果同乡村振兴有效衔接应遵循哪些主要原则？

做好巩固拓展脱贫攻坚成果同乡村振兴有效衔接，关系到构建以国内大循环为主体、国内国际双循环相互促进的新发展格局，关系到全面建设社会主义现代化国家全局和实现第二个百年奋斗目标，具有十分重大的现实意义。在推进巩固拓展脱贫攻坚成果同乡村振兴有效衔接过程中，应坚持以下主要原则。

第一，坚持党的全面领导。坚持中央统筹、省负总责、市县乡抓落实的工作机制，充分发挥各级党委总揽全局、协调各方的领导作用，省市县乡村五级书记抓巩固拓展脱贫攻坚成果和乡村振兴。总结脱贫攻坚经验，发挥脱贫攻坚体制机制作用。

第二，坚持有序调整、平稳过渡。过渡期内在巩固拓展脱贫攻坚成果上下更大功夫、想更多办法、给予更多后续帮扶支持，对脱贫县、脱贫村、脱贫人口扶上马送一程，确保脱贫群众不返贫。在主要帮扶政策保持总体稳定的基础上，分类优化调整，合理把握调整节奏、力度和时限，增强脱贫稳定性。

第三，坚持群众主体、激发内生动力。坚持扶志扶智相结合，防止政策养懒汉和泛福利化倾向，发挥奋进致富典型示范引领作用，激励有劳动能力的低收入人口勤劳致富。

第四，坚持政府推动引导、社会市场协同发力。坚持行政推动与市场机制有机结合，发挥集中力量办大事的优势，广泛动员社会力量参与，形成巩固拓展脱贫攻坚成果、全面推进乡村振兴的强大合力。

25 巩固拓展脱贫攻坚成果同乡村振兴有效衔接的主要举措有哪些？

脱贫摘帽不是终点，而是新生活、新奋斗的起点。打赢脱贫攻坚战、全面建成小康社会后，要在巩固拓展脱贫攻坚成果的基础上，做好乡村振兴这篇大文章，接续推进脱贫地区发展和群众生活改善。为此，党中央、国务院提出巩固拓展脱贫攻坚成果同乡村振兴有效衔接，并提出了一系列重要任务和举措，主要包括以下五个方面。

第一，建立健全巩固拓展脱贫攻坚成果长效机制。具体内容包括：一是保持主要帮扶政策总体稳定；二是健全防止返贫动态监测和帮扶机制；三是巩固“两不愁三保障”成果；四是做好易地扶贫搬迁后续扶持工作；五是加强扶贫项目资产管理和监督。

第二，聚力做好脱贫地区巩固拓展脱贫攻坚成果同乡村振兴有效衔接重点工作。具体内容包括：一是支持脱贫地区乡村特色产业发展壮大；二是促进脱贫人口稳定就业；三是持续改善脱贫地区基础设施条件；四是进一步提升脱贫地区公共服务水平。

第三，健全农村低收入人口常态化帮扶机制。具体内容包括：一是加强农村低收入人口监测；二是分层分类实施社会救助；三是合理确定农村医疗保障待遇水平；四是完善养老保障和儿童关爱服务；五是织密兜牢丧失劳动能力人口基本生活保障底线。

第四，着力提升脱贫地区整体发展水平。具体内容包括：一是在西部地区脱贫县中集中支持一批乡村振兴重点帮扶县；二是坚持和完善东西部协作和对口支援、社会力量参与帮扶机制。还要适时组织开展巩固脱贫成果后评估工作；继续加强扶志扶智，激励和引导脱贫群众靠自己努力过上更好生活。

第五，加强脱贫攻坚与乡村振兴政策有效衔接。具体内容包括：一是做好财政投入政策衔接；二是做好金融服务政策衔接；三是做好土地支持政策衔接；四是做好人才智力支持政策衔接。

26 健全防止返贫监测和帮扶机制应遵循哪些基本原则？

健全防止返贫动态监测和帮扶机制是指对脱贫不稳定户、边缘易致贫户，以及因病因灾因意外事故等刚性支出较大或收入大幅缩减导致基本生活出现严重困难户，开展定期检查、动态管理，并提供针对性帮扶的政策。健全防止返贫动态监测和帮扶机制是守住规模性返贫底线的重要举措，具有十分重要的意义和价值。

第一，坚持事前预防与事后帮扶相结合。通过开展防止返贫监测，提前发现并识别存在返贫致贫风险的人口，采取针对性的帮扶措施，防止脱贫人口返贫、边缘人口致贫。一旦出现返贫致贫风险，应当及时建档立卡，纳入防返贫监测系统，实施精准帮扶。

第二，坚持开发式帮扶与保障性措施相结合。在防止返贫监测和帮扶过程中，应注意因人因户精准施策，对有劳动能力、有意愿的监测户，至少落实一项产业就业等开发式帮扶措施，引导勤劳致富；对符合条件的无劳动能力监测户，做好兜底保障；对弱劳力半劳力，要创造条件探索落实开发式帮扶措施。

第三，坚持政府主导与社会参与相结合。注重充分发挥政府、市场和社会的作用，强化政府责任，引导市场、社会协同发力，鼓励先富帮后富、守望相助，形成防止返贫的工作合力。

第四，坚持外部帮扶与群众主体相结合。注意处理好外部帮扶与自身努力的关系，强化勤劳致富导向，注重培养监测对象艰苦奋斗意识，提升自我发展能力。

27　防止返贫动态监测的方法是什么？

防止返贫动态监测有着明确清晰的操作方法，具体包括四个方面的内容。

第一，确定监测对象。以家庭为单位，主要监测脱贫不稳定户和边缘易致贫户，以及因病因灾因意外事故等刚性支出较大或收入大幅缩减导致基本生活出现严重困难户。重点监测其收入支出状况、“两不愁三保障”及饮水安全状况等。

重点关注有大病重病和负担较重的慢性病患者、重度残疾人、失能老年人口等特殊群体的家庭。

第二，确定监测范围。各省（自治区、直辖市）要因地制宜建立健全防止返贫监测范围年度调整机制，各地可综合本区域物价指数变化、农村居民人均可支配收入增幅和农村低保标准等因素，同时考虑“三保障”和饮水安全实现情况，科学合理确定年度监测范围。同时，实事求是确定监测对象规模，不得设置规模限制，要将符合条件的农户全部纳入监测帮扶，确保做到应纳尽纳。

第三，优化监测方式和程序。一是健全监测对象快速发现和响应机制，细化完善农户自主申报、基层干部排查、部门筛查预警等监测方式，互为补充、相互协同。农户自主申报方面，加强政策宣传，提高政策知晓度，因地制宜拓展便捷的自主申报方式。基层干部排查方面，充分发挥制度优势，依靠乡村干部、驻村干部、乡村网格员等基层力量，进行常态化预警。部门筛查预警方面，加强相关部门数据共享和对接，充分利用先进技术手段，及时将预警信息分类分级反馈基层核实。二是完善监测对象识别程序。监测对象确定前，农户应承诺提供的情况真实可靠，并授权依法查询家庭资产等信息。在确定监测对象、落实帮扶措施、标注风险消除等程序中，应进行民主评议和公开公示。

第四，实施动态清零。动态清零是指要落实防止返贫动态监测和帮扶机制，确保返贫和新的致贫人口动态清零。动态清零不以年度为界限，而是要强化日常管理，常态化开展监测帮扶工作，对存在返贫致贫风险的农户做到发现一户纳入一户，及时落实帮扶措施。对于人均纯收入低于脱贫攻坚期扶贫标准、存在“三保障”和饮水安全风险等要第一时间进行干预，帮助解决问题。

28 如何对防止返贫监测中已确认的监测对象进行帮扶？

现阶段，对于防止返贫监测中已确认的监测对象的帮扶措施主要包括五个方面。

一是产业帮扶。对具备发展产业条件的监测对象，通过帮助扩大生产规模或转变生产经营方式，开发利用土地、房屋或其他生产资料等途径，促进其依靠自身力量实现产业发展；落实开发式帮扶措施，支持对符合条件的监测对象开展小额信贷贴息、发展类补贴等，引导其通过参与生产提高家庭经营性收入；积极发挥龙头企业、专业合作社、村级集体经济组织、家庭农场、农业社会化服务组织的引领带动作用，明确土地流转、带动生产、帮助产销对接、资产入股、收益分红等利益联结机制；支持监测对象发展庭院经济，合理安排种养产业发展，引导监测对象发展“菜篮子”“米袋子”等短平快产业项目。

二是就业帮扶。对有劳动能力的监测对象，通过提供劳动机会，帮助提高劳动技能或能力，支持其到帮扶车间就业，优先聘用从事公益性岗位；对跨省就业的监测对象适当安排一次性交通补助，对符合条件的监测对象安排“雨露计划”补助，具备条件的项目按规定推广以工代赈方式，带动监测对象务工就业增收。

三是兜底保障。对无劳动能力的监测对象，进一步强化低保、医疗、养老保险和特困人员救助供养等综合性兜底保障措施，确保应保尽保。对因病、因残、因灾等意外变故有返贫致贫风险的家庭，及时落实健康帮扶和残疾人、灾害、临时救助等政策，保障其基本生活。

四是扶志扶智。对内生动力不足的监测对象，持续扶志扶智，引导其通过生产和就业脱贫致富；对自强不息、稳定脱贫致富的监测对象，探索给予物质奖励和精神激励，切实发挥其示范引领带动作用；积极开展乡风文明建设，发挥村规民约作用，倡导赡养老人、扶养残疾人。

五是其他帮扶。鼓励各地创新帮扶手段。多渠道筹措社会帮扶资金，为监测对象购买保险，及时化解生活生产风险。继续发挥东西部协作、对口支援、中央单位定点帮扶等制度优势，动员社会力量积极参与，创新工作举措，对监测对象持续开展帮扶。

29 健全防止返贫监测和帮扶机制有哪些工作要求？

按照党中央、国务院决策部署，应坚持中央统筹、省负总责、市县抓落实的管理体制，围绕“两不愁三保障”主要指标，统筹政府、市场和社会资源，建立防止返贫监测和帮扶机制，巩固拓展脱贫攻坚成果。在健全防止返贫监测和帮扶机制工作过程中，应突出落实责任、鼓励创新、减轻负担的工作要求。

一是落实责任。国务院相关部委要加强工作指导，督促责任落实。各省（自治区、直辖市）对本区域防止返贫监测帮扶工作负总责，要结合实际细化制度规定，强化政策供给，推进市县乡村各级责任落实、政策落实、工作落实。市级要加强对本区域防止返贫监测帮扶工作的监督指导，积极协调政策资源，强化要素供给和保障。县级要坚决扛起防止返贫监测帮扶的主体责任，充实保障基层工作力量，细化帮扶政策措施，确保防止返贫监测对象应纳尽纳、应帮尽帮、稳定消除风险。乡村两级要认真落实全过程管理工作责任，明确专人负责，按规定做好政策宣传、排查预警、监测识别、精准帮扶、风险消除等具体工作。各级党委农村工作领导小组牵头抓总，各级乡村振兴部门履行工作专责，相关部门根据职责做好信息预警、数据比对和行业帮扶，共同推动政策举措落地落实。

二是鼓励创新。各地区各部门要因地制宜探索创新，及时总结推广好经验、好做法，及时发现和解决防止返贫监测和帮扶机制实施过程中的苗头性、倾向性问题，在实践中不断完善机制，改进工作，提高成效。

三是减轻负担。依托全国防止返贫监测信息系统，运用好脱贫攻坚普查结果，进一步完善监测对象基础数据库，加强监测对象家庭信息、收入状况等信息共享，不另起炉灶，不重复建设。优化监测指标体系，统筹利用信息资源，避免重复填表报数采集信息。按照统一安排，开展集中排查，防止层层加码，切实减轻基层负担。

30 “两不愁三保障”的基本含义和实现标准是什么？

“两不愁三保障”是农村贫困人口脱贫的基本要求和核心指标。其中，“两不愁”指稳定实现农村贫困人口不愁吃、不愁穿；“三保障”指保障其义务教育、基本医疗和住房安全。脱贫攻坚目标任务完成后，中央提出建立健全巩固拓展脱贫攻坚成果长效机制，其重要内容便是巩固“两不愁三保障”成果。“两不愁三保障”有着以下明确的评判标准。

第一，不愁吃。不愁吃包括吃饭不愁和饮水不愁两个方面。吃饭不愁是指不缺粮，能吃饱且能适当吃好。饮水不愁：一是水量。人均日用水量35升。二是水质。集中供水的，水质应达到《生活饮用水卫生标准》放宽限值规定；分散供水的，采取望、闻、问、尝等方法，水中无肉眼可见杂质、无异色异味、长期饮用无不良反应。三是用水方便程度。集中供水或分散供水入户的为达标；供水未入户的，人力取水往返时间不超过20分钟，或往返水平距离不超过1公里、垂直距离不超过100米为达标。四是供水保证率。集中且连续供水的为达标；分散供水的，缺水时间连续不超过

30天。目前，我国脱贫人口已全面实现不愁吃，未来需持续巩固。

第二，不愁穿。有换季衣服，夏天有单衣，冬天有棉衣。有换洗衣服，有御寒被褥。目前，我国脱贫人口已全面实现不愁穿，未来需持续巩固。

第三，义务教育有保障。义务教育阶段适龄少年儿童实现义务教育有保障，除因身体原因不具备学习条件、休学、延缓入学、已初中毕业等不在校的外，适龄少年儿童全部在校就学，或送教上门。目前，脱贫人口已全面实现义务教育有保障，未来需持续巩固。

第四，基本医疗有保障。除参加职工基本医疗保险，或为新生儿等正在办理参保手续、处于参军等特殊保障状态，或暂时不需要的外，确保脱贫人口全部参加城乡居民基本医疗保险。目前，脱贫人口已实现基本医疗有保障，未来需持续巩固。

第五，住房安全有保障。确保脱贫人口现住房鉴定或评定安全，或有其他安全住房居住，或通过危房改造政策实现住房安全，或通过易地扶贫搬迁实现住房安全。目前，脱贫人口已全面实现住房安全有保障，未来需持续巩固。

31 | 如何健全控辍保学工作机制?

随着脱贫攻坚战取得决定性胜利，脱贫人口已全面实现义务教育有保障。然而，受思想观念、自然条件等多种因素影响，防止脱贫家庭学生辍学新增和反弹的任务依然十分艰巨，需要进一步巩固义务教育有保障工作成果，健全控辍保学工作机制。

第一，把握总体要求。坚持以习近平新时代中国特色社会主义思想为指导，坚持以问题为导向，落实主体责任，强化资源统筹能力，聚焦脱贫地区、脱贫家庭，总结经验，坚持精准施策，立足当前、着眼长远，查漏补缺、攻坚克难，确保除身体原因不具备学习条件外，脱贫家庭义务教育阶段适龄儿童少年不失学辍学，持续常态化开展控辍保学工作，形成义务教育有保障长效机制。

第二，突出工作重点。切实解决脱贫家庭学生因学习困难、外出打工、早婚早育和信教而辍学等问题，加大对学有困难的脱贫家庭学生帮扶力度，通过各种执法检查活动严厉打击使用脱贫地区童工违法犯罪行为，加大对脱贫地区未成年人违法婚姻的治理力度，坚决防止未成年人早婚早育的现象，严禁利用宗教妨碍脱贫地区国家教育制度的实施。

第三，加强组织保障。健全联控联保责任机制，脱贫地区政府认真履行控辍保学法定职责，健全政府及有关部门、学校、家庭多方联控联保责任制，不断完善“一县一案”控辍保学工作方案。健全定期专项行动机制，脱贫地区坚持控辍保学与招生入学工作同部署同落实，在每学期开学前后集中开展控辍保学专项行动。完善应助尽助救助机制，脱贫地区继续落实义务教育“两免一补”政策和社会救助政策，保障必要的生活条件和教育条件。健全依法控辍治理机制，加强脱贫地区法律法规宣传教育，切实增强脱贫群众的法律意识，引导广大脱贫群众尊重和保护适龄脱贫家庭儿童少年依法接受义务教育的权利。完善办学条件保障机制，大力改善脱贫地区义务教育办学条件，重点加强脱贫地区乡镇寄宿制学校和乡村小规模学校建设，大力加强脱贫地区义务教育学校教师队伍建设。

32 | 如何有效防范因病返贫致贫风险？

随着脱贫攻坚战取得决定性胜利，我国脱贫人口全面实现了基本医疗有保障。然而，由于多种原因的影响，脱贫人口仍然存在因病返贫致贫风险，需要切实有效防范。具体来看，重点应从以下三个方面着手。

第一，建立防范因病致贫返贫长效机制。建立防止致贫返贫监测机制，按照个人申报、卫健部门审核工作程序，及时发现、及时解决因病致贫返贫风险，找准因病致贫返贫的病种病根，实施精准分类，精准救治。健全重特大疾病医疗保险与救助制度，优化疾病分类救治措施，在脱贫群众发生重大疾病或突发疫情等紧急情况时，确保医疗机构先救治、后收费。建立农村低收入人口常态化健康帮扶机制，在做好脱贫群众救助保障基础上，逐步将贫困边缘人群和因高额费用负担面临致贫返贫风险的困难群众纳入保障范围。优化乡村医疗卫生服务覆盖。

第二，推动参保政策有效落实。优化调整脱贫人口医疗救助资助参保政策，按照精准到人要求，建立与乡村振兴部门、税务部门沟通机制，实行脱贫人员参保专项台账管理。按规定落实分类资助参保政策，区别对待脱贫稳定与不稳定人员的资助力度，确保脱贫群众动态参保、应保尽保，按标准逐步落实资助终止原则。分类调整医疗保障扶贫倾斜政策，在逐步提高大病保障水平基础上，大病保险继续对特困人员、低保对象和返贫致贫人口实施倾斜支付。用好已建立的医疗保障信息系统运行调度模块、政策监测模块、督战模块，实时监测脱贫人口参保情况。对脱贫人口制定针对性政策，保障合理待遇，落实对符合条件的脱贫人员参加居民医保个人缴费补贴政策。

第三，做好脱贫人口参保动员工作。加强对脱贫群众参保缴费的宣传引导，创新宣传方式，拓展宣传渠道，对脱贫群众未参保人员实行精准推送式宣传，使脱贫群众全面了解医保政策和参保意义，调动脱贫群众参保缴费积极性，切实维护脱贫参保人合法权益。

33 | 如何保障低收入人口基本住房安全？

随着脱贫攻坚战取得决定性胜利，我国脱贫地区住房面貌得到较大改善，通过危房改造、危房拆除重建以及易地扶贫搬迁，住房安全性得到极大提升，脱贫人口住房安全得到有效保障。然而，随着时间的推移，新房会变老，老房会变危，加之受自然灾害等影响，未来仍需持续保障每一户、每一个脱贫群众的住房安全。具体来看，重点应从以下四个方面着手。

第一，健全动态监测机制。住房和城乡建设部门要与乡村振兴、民政等部门加强协调联动和数据互通共享，健全完善农村低收入群体等重点对象住房安全动态监测机制。对于监测发现的住房安全问题要建立工作台账，实行销号制度，解决一户，销号一户，确保所有保障对象住房安全。

第二，加强质量安全管理。加强乡村建设工匠等技术力量培训，建立行政区域内技术帮扶机制，帮助技术力量薄弱的地区落实农村房屋安全性鉴定等相关技术要求，确保鉴定结果准确。因地制宜编制符合安全要求及农民生活习惯的农房设计通用图集，免费提供农户参考，引导农户选择低成本的改造方式。加强施工现场巡查与指导监督，及时发现问题并督促整改，指导做好竣工验收，确保改造后的房屋符合安全要求。

第三，提升农房建设品质。在确保房屋基本安全的前提下，以实施乡村建设行动、接续推进乡村全面振兴为目标加强农房设计，提升农房建设品质，完善农房使用功能。鼓励北方地区继续在改造中同步实施建筑节能改造，在保障住房安全性的同时降低能耗和农户采暖支出，提高农房节能水平。鼓励有条件的地区推广绿色建材应用和新型建造方式，推进水冲式厕所入户改造和建设，改善农村住房条件和居住环境。

第四，加强监督和激励引导。落实保障对象公示制度，将保障对象基本信息和各审查环节的结果在村务公开栏进行公示，强化群众监督作用。加强补助资金使用监管，及时拨付补助资金，主动接受纪检监察、审计和社会监督，坚决查处挪用、冒领、克扣、拖欠补助资金和索要好处费等违法违规违纪行为。继续执行年度绩效评价与督查激励制度，充分发挥正向激励作用，提升农村低收入群体住房安全保障工作实效。

34 | 如何不断提升农村供水保障水平？

随着脱贫攻坚战取得决定性胜利，我国脱贫人口已全面实现饮水有保障。然而，当前部分脱贫地区仍存在着饮水安全隐患，未来需要不断提升农村供水保障水平。具体来看，重点应从以下三个方面着手。

第一，继续实施农村供水工程建设。推进脱贫地区稳定水源工程建设，有条件的脱贫地区推进城乡一体化和万人供水工程建设，人口分散、偏远的脱贫地区实施小型供水工程标准化建设。加强脱贫地区水源保护和水质保障，以县域为单元，以“稳定水源”为基础，推进脱贫地区农村集中式供水工程建设和升级改造。

第二，完善加强监测机制。对脱贫地区加强监测排查，采取精准措施，防止问题反弹，确保农村供水问题动态清零。在脱贫地区建立万人工程水厂化验室自检、县级水质检测中心水质巡检、生态环境部门水源水质监测、卫生健康部门饮用水水质监测的农村供水水质检测监测体系。进一步加强脱贫地区水源污染调查评估和信息公开。

第三，建立长效运行管护机制。健全完善规章制度，强化工程运行管理，推进建立规范化管理体系，健全完善应急供水预案。落实工程管护主体责任和养护经费，继续推进脱贫地区水费收缴补助，落实水利工程建设和管护就业岗位向脱贫人口倾斜的政策。加强脱贫地区农村供水工程管理人员的技术培训，有条件的脱贫地区建立县级或片区统一管理机构，负责全县或片区内农村供水工程的统一运行管理和技术服务。继续实施干部双向交流挂职，加大技术帮扶力度，提高脱贫地区的管水治水能力。

35　如何看待易地扶贫搬迁后续帮扶的重要意义？

易地扶贫搬迁是脱贫攻坚“头号工程”和标志性工程。

做好易地扶贫搬迁后续帮扶，帮助搬迁群众实现“稳得住，能致富”目标具有重要意义。

第一，做好易地扶贫搬迁后续帮扶有助于防止搬迁群众返贫。易地搬迁群众通过搬迁走出大山和自然环境比较恶劣的地方，在安置地获得了新发展。然而，搬迁群众搬迁脱贫前往往贫困程度较深、发展能力较低，对安置地新的环境适应能力差，脱贫的稳定性并不高。做好易地扶贫搬迁后续帮扶，特别是加强搬迁群众就业扶持，确保搬迁群众实现可持续增收，能有效防止搬迁群众返贫。

第二，做好易地扶贫搬迁后续帮扶有助于加快脱贫地区新型城镇化。脱贫地区经济发展滞后，城镇化率偏低。易地扶贫搬迁强调与新型城镇化相结合。相当一部分搬迁群众选择了城镇安置方式，成为脱贫地区城镇的“准市民”。做好易地搬迁后续帮扶工作，帮助搬迁群众融入城镇，实现从农民向市民转变，进而加快脱贫地区的新型城镇化。

第三，做好易地扶贫搬迁后续帮扶助力乡村振兴。习近平总书记对实施乡村振兴战略作出重要指示：“要坚持乡村全面振兴，抓重点、补短板、强弱项，实现乡村产业振兴、人才振兴、文化振兴、生态振兴、组织振兴，推动农业全面升级、农村全面进步、农民全面发展。”做好易地搬迁后续帮扶工作，促进搬迁群众就业与脱贫地区农村一二三产业融合发展相结合，为推动乡村产业振兴提供人才支持。另外，推进旧房拆除和宅基地复垦复绿，恢复迁出地良好生态环境，还可以助力乡村生态振兴。

36 易地扶贫搬迁后续帮扶主要包括哪些内容？

围绕做好易地扶贫搬迁后续帮扶工作，国家出台了《关于进一步加大易地扶贫搬迁后续扶持工作力度的指导意见》《关于切实做好易地扶贫搬迁后续扶持工作巩固拓展脱贫攻坚成果的指导意见》等多个政策文件，明确了易地扶贫搬迁后续帮扶的主要内容。

第一，促进搬迁劳动力更充分更稳定就业。开展外出就业精准对接，根据群众意愿和专业技能，逐步提高外出就业的专业化、品牌化、市场化程度。引导当地企业和用人单位吸纳搬迁劳动力，完善安置点就地就近按比例安排就业机制，发挥以工代赈促进就业作用，拓宽搬迁群众就地就近就业渠道。支持搬迁群众自主创业，支持安置点配套创业园区、创业孵化基地等创业载体建设，引导具备创业能力和意愿的搬迁群众优先入住。加大创业公共服务力度，加强信息发布、法律援助等服务，在市场营销、渠道挖掘、客户关系维护等方面开展专门培训。加强劳动者职业技能培训，鼓励青壮年劳动者就读技工院校或参加中长期培训，引导有意愿的留守妇女、留守老人、残疾人等特殊群体，结合个人实际接受必要的职业技能培训。

第二，推动安置区后续产业可持续发展。脱贫地区要将易地扶贫搬迁安置点产业发展纳入脱贫地区“十四五”特殊产业发展相关规划。支持有条件的城镇大中型安置点提升、新建一批配套产业园、农产品仓储保鲜冷链基地。鼓励和引导农村小微型安置点发展特色种养、农林畜产品加工等产业。延续支持安置点配套扶贫车间的优惠政策，推动扶贫车间可持续发展。支持有条件的安置点发展景观农业、观光体验、文化休闲、健康养生等新型业态。加强东西部产业协作，引导安置点所在地以多种方式与东部地区合作建设产业园区。通过充分发挥消费帮扶政策作用，支持鼓励有意愿的企业、合作社、搬迁群众开办网店等多种方式，不断丰富拓宽农副产品销售渠道。创新安置点资产收益使用管理，资产收益可按规定用于支持搬迁群众发展产业、创业就业增收，为安置点后续发展提供必要的资金保障。

第三，构建开放融合的安置社区。完善提升安置社区服务中心、综合性文化场所、大众健身全民健康等公共服务功能。推动邮政、金融、电信、燃气、电力等公共事业和资源回收商业网点尽快覆盖一定规模的安置点。建构完善以基层党组织为核心，居（村）委会和居（村）务监督委员会为基础，群团组织、社会组织、物业服务企业共同参与的社区组织体系，探索开展“智慧社区”建设，提升社区治理整体水平。引导所在地居民真正接纳、真诚帮助搬迁群众，促进新老居民人际交往、文化交流、情感交融。

第四，促进迁出区和安置区生态环境发展。积极稳妥推进易地扶贫搬迁旧房拆除和宅基地复垦复绿工作。对生态环境脆弱、生态承载压力过重和对自然资源过度利用的迁出地，加快推进生态修复和保护工作。加强安置点公共卫生环境设施建设和管护，改善安置点人居环境。积极推行生态友好型生产方式。

第五，推进大型搬迁安置点新型城镇化建设。结合以县城为重要载体的新型城镇化战略，将城镇安置点基础设施与基本公共服务设施一体规划，补齐短板漏项。加快推进易地扶贫搬迁人口市民化进程，强化产业就业支撑，帮助搬迁人口尽快解决稳定发展问题。支持城镇安置点供排水管网、垃圾污水处理、供气供暖等设施提档升级，加快电网增容改造、网络覆盖建设，因地制宜提升路网等级。将农村安置点水、电、路、气、通信等配套基础设施纳入乡村建设行动统一规划、统一建设。

易地扶贫搬迁后续帮扶主要面临哪些挑战？

易地扶贫搬迁是一项复杂的系统工程。搬迁群众后续发展涉及经济、社会、文化等多个方面，易地扶贫搬迁后续帮扶面临不少挑战。

第一，搬迁群众就地就近就业质量不高。我国易地搬迁以集中安置为主，依托安置地发展资源促进搬迁劳动力就近就业是后续帮扶工作的重点任务。但是受地理区位、自然条件、历史等因素制约，脱贫地区县域经济发展相对滞后，安置地工商资本投资少，二三产业规模小、发展水平低，搬迁劳动力本地就业机会少，工资水平比较低。

第二，搬迁群众融入新社区新环境难度比较大。搬迁群众长期生活在乡村社会，思想观念、生活习惯烙上了浓厚的乡土气息。城镇生活方式与乡村生产生活存在显著差异。城镇化安置后，搬迁群众原有的社会关系网络受到冲击，面对陌生的环境，搬迁群众的生产生活方式、思想观念、生活习惯都会带来重大改变，全面融入城镇将是一个漫长、反复的过程。

第三，搬迁群众旧房拆除工作阻力较大。易地扶贫搬迁贯彻落实“一户一宅”要求，搬迁群众在安置地入住后，应有序推进迁出地的旧房拆除工作。但是相当一部分搬迁群众在城镇安置地就业收入比较低，仍兼顾迁出地农业生产。旧房成为他们饲养禽畜、放置农业生产工具以及农业劳作间隙休息的重要场所。搬迁群众对拆除旧房的积极性不高，甚至有抵触情绪。这大大增加了旧房拆除工作有序推进的难度。

38 | 如何做好易地搬迁后续帮扶工作？

易地扶贫搬迁后续帮扶是巩固搬迁脱贫成果的重要内容，可以从以下四个方面做好易地扶贫搬迁后续帮扶工作。

第一，多举措强化搬迁劳动力就业创业扶持。以原集中连片特困地区、原深度贫困地区、乡村振兴重点帮扶县的大中型安置点为重点，利用东西部协作、对口支援、定点帮扶等机制促进搬迁群众就业，提高劳务输出的组织化、精准化程度。因地制宜实施一批投资规模小、技术门槛低、前期工作简单、务工技能要求不高的以工代赈建设项目，优先吸纳搬迁劳动力就业。对易地搬迁群众自主创业在场地租金、经营费用等方面给予优惠扶持，落实创业担保贷款政策、脱贫人口小额信贷政策、优惠保险产品政策等，组织相关领域专家对易地搬迁群众创业及时提供跟踪指导服务。按照当地特色产业发展方向，紧密结合安置点用工需求，组织搬迁群众参与职业技能培训。鼓励企业开展“订单式”培训、以工代训，发挥致富能手“传帮带”作用，搭建网络培训平台，拓宽就业培训渠道。

第二，大力扶持安置区特色产业发展。依托东西部协作和对口支援工作机制，引导安置点所在地以多种方式与东部地区合作建设产业园，积极发展新技术、新业态、新模式。鼓励龙头企业在搬迁安置点附近建厂兴业，引导更多社会资本积极参与承接相关产业园区的开发、建设和运营。引导企业、合作社、家庭农场等新型农业经营主体参与搬迁群众原承包地（耕地、林地、草地等）的流转与规模经营，健全完善利益联结机制，推进农村资源变资产、资金变股金、农民变股东。支持大型商贸旅游企业与安置点所在地建立长期稳定的产销合作关系，打通安置点特色产品供应链条。组织党政机关、国有企事业单位与有条件的大中型安置点建立协作帮扶关系，扩大安置点产品和服务消费规模。鼓励和支持有意愿的企业、合作社和搬迁群众发展农村电子商务，通过线上线下结合，与销地的商超企业、批发市场等建立直采直供关系。

第三，全面加强安置区社区治理。加强安置区基层组织建设，推动社区、群团组织、社会组织、社区志愿者服务联动，引导搬迁群众参与社区治理和服务供给。进一步规范物业管理，引导居民选择合适的物业管理方式。在安置点广泛开展群众喜闻乐见的传统美德、社会公德宣传及文化交流，开展文明家庭创建、劳动模范评比、文明实践志愿服务等活动，提高搬迁群众适应新环境的能力。在民族地区集中安置点大力推广国家通用语言文字，推动建设嵌入式社区，促进各民族交往交流交融。

第四，推进绿色生产方式。安置点周边建设的各类产业园区、扶贫车间、旅游设施等，应配套相应的环保设施，确保污染物达标排放或资源化利用。注重延长特色产业链条，促进资源节约和循环利用。支持安置点的特色农产品申请绿色、有机、无公害、地理标志农产品认证，打造区域公共品牌。

39 | 扶贫项目形成的资产主要包括哪些？

扶贫项目资产是指在脱贫攻坚阶段使用财政专项扶贫资金、统筹整合财政资金、易地扶贫搬迁资金、用于脱贫攻坚地方政府债务资金、行业帮扶资金、金融扶贫资金、社会帮扶资金等投入扶贫领域形成的基础设施、产业项目（资产收益）以及易地扶贫搬迁类资产等，具体可以分为三类。

一是公益性扶贫资产。包括道路交通、农田水利、供水饮水、环卫公厕、教育、文化、体育、卫生、电力等方面的公益性基础设施。公益性扶贫资产项目为脱贫地区提供了公益岗位，不仅增加了脱贫地区弱势群体的就业机会，还改善了脱贫地区生产生活环境，为脱贫地区发展提供了良好的社会环境。

二是经营性扶贫资产。包括农林牧渔业产业基地、生产加工设施、经营性旅游服务设施、经营性电商服务设施、经营性基础设施、光伏电站，以及资产收益扶贫等项目形成的股权、债权等权益性资产。经营性扶贫资产项目创造了脱贫地区大量就业机会，成为增加脱贫地区群众收入的重要来源，激发了脱贫地区发展的内生动力，推动了脱贫地区的可持续性发展。

三是到户类扶贫资产。主要是通过财政补助（补贴），为支持贫困户生产发展所购建的生物资产或固定资产等。到户类扶贫资产在很大程度上帮助了脱贫农户确定了生产方向，置办了生产设备，提升了脱贫信心，为其脱贫的自我实现提供了实现路径。

40　现阶段国家在扶贫项目资产管理和监督方面面临哪些挑战？

在脱贫攻坚期间，各级扶贫资金投入形成了各类扶贫项目资产，这些项目资产为脱贫地区农村后期经济发展积累了巨大潜力，也为脱贫地区实现乡村振兴提供了产业基础。但需要注意到，目前国家在扶贫项目资产管理和监督方面仍然存在不少短板，面临不少挑战，具体包括以下三个方面。

第一，扶贫项目资产底数不清。脱贫地区扶贫投入资金来源复杂，所形成的扶贫资产分布广泛、类型多样，既包括公益性扶贫资产和经营性扶贫资产，也包括到户类扶贫资产。由于尚未全面建立扶贫资产动态监管台账，导致脱贫地区各级各类扶贫项目投入形成的资产产权不清晰、责任不明确，全国扶贫项目资产底数不清。

第二，缺乏国家层面的管理政策。目前我国关于扶贫工作的财政政策主要集中在扶贫资金的管理和使用方面，虽然已有 20 多个地方省市出台了扶贫资产管理办法，但是在国家层面还缺乏专门的扶贫项目资产管理政策。2021 年，财政部等六部委联合发布的《中央财政衔接推进乡村振兴补助资金管理办法》，用于支持巩固拓展脱贫攻坚成果同乡村振兴有效衔接工作，但其仅为加强资金使用管理，提升资金使用效益，并没有强调扶贫资产的管理。

第三，资产闲置和流失现象时有发生。总体上看，目前我国脱贫地区扶贫资产管理松懈、监管不严，后续管护机制缺失，相关管护制度缺乏，对项目建成后形成扶贫资产的入账、移交、处置、监管等缺乏相应的规定，极易发生扶贫资产流失现象。脱贫地区一些经营性扶贫资产，缺乏专业的维护管理队伍，扶贫项目设施在受损后因缺乏专业人才和维修资金而处于闲置状态。

41 如何进一步提高扶贫项目资产的管理水平？

实现扶贫项目资产助力乡村振兴，推动巩固拓展脱贫攻坚成果同乡村振兴有效衔接，充分发挥各类扶贫项目资产在脱贫农村建设发展中的价值，需要不断提升扶贫项目资产的后续管理水平，解决目前扶贫资产项目管理存在的问题。具体来看，重点应从以下四个方面着手。

第一，实现扶贫项目资产管理与农村改革相结合。扶贫项目资产后续管理在现有制度框架下，与农村集体产权制度改革要求相衔接，遵循国有资产和农村集体资产管理及行业管理等有关规定，充分考虑扶贫项目资产受益群体的特殊性，制定出台国家层面扶贫项目资产管理办法。

第二，确定资产底数，落实主体责任。摸清扶贫项目资产底数，实施分类管理，明确产权主体管护责任，引导受益主体参与管护。对公益性的扶贫项目资产，落实各行业主管部门管护责任，加强后续管护。对经营性的项目资产，加强运营管理，确权到村集体的部分纳入农村集体资产管理。到户资产由农户自行管理，村级组织和有关部门加强指导和帮扶，更好地持续发挥扶贫效益。

第三，提高资产收益及其使用效率。规范收益分配使用，收益重点用于巩固拓展脱贫攻坚成果和乡村振兴，重点用于项目运行管护、村级公益事业等，确保项目资产持续产生效益和发挥作用，鼓励通过设置一定的条件，采取购买公益岗位等方式进行分配，激发内生动力，坚持劳动致富。

第四，加强监管，落实公开制度。强化监督管理，严格项目资产处置，防止项目资产闲置和流失等。严格落实公告公示制度，加强纪律监督、审计监督和社会监督等，严肃查处贪占挪用、违规处置扶贫项目资产及收益等各类行为。

第三篇

有效衔接乡村振兴

- 支持脱贫地区乡村特色产业发展壮大
- 促进脱贫人口稳定就业
- 持续改善脱贫地区基础设施条件
- 提升脱贫地区公共服务水平
- 加强脱贫攻坚与乡村振兴政策衔接

42 在脱贫地区发展乡村特色产业有何重要意义？

发展产业是实现脱贫的根本之策，产业兴旺是乡村振兴的物质基础。脱贫地区发展壮大乡村特色产业至关重要，具有以下三个方面的重要意义。

第一，发展乡村特色产业能让脱贫基础更加稳固、成效更可持续。乡村特色产业是脱贫群众重要的收入来源。立足脱贫地区特色优势资源发展乡村特色产业，培育壮大一批有地域特色的主导产业，健全联农带农机制，帮助脱贫群众获得稳定的农业经济收入，进而实现可持续脱贫。另外，健全乡村特色产业链条，促进乡村特色产业向二三产业延伸，能创造更多的就业增收机会，吸纳更多脱贫群众参与乡村特色产业发展，也能使脱贫基础更加稳固。

第二，发展乡村特色产业提升脱贫地区粮食和重要农副产品保障能力。新冠疫情蔓延对世界粮食安全产生重要影响，也让人们体会到“手中有粮，心里不慌”。持续提升粮食和重要农副产品供给保障意义尤其重大，是各级党委政府的重要政治责任。脱贫地区大力发展特色种养产业，以深入推进农业结构调整，推动品种优培、品质提升、品牌打造和标准化生产为抓手，持续提升粮、油、肉等粮食和重要农副产品供给水平，能有效提升脱贫地区粮食和重要农副产品保障能力。

第三，发展乡村特色产业是推进脱贫地区农业现代化的重要引擎。农业现代化不仅是技术装备提升和组织方式创新，更体现在建构完备的现代农业产业体系、生产体系、经营体系。大力发展脱贫地区乡村特色产业，将现代工业标准理念和服务业人本理念、现代科技等引入脱贫地区农业发展，促进农业规模化、标准化、集约化，纵向延长产业链条，横向扩展产业形态，进而加快脱贫地区农业现代化。

43 | 脱贫地区发展特色产业应注意哪些问题？

特色产业是脱贫地区发展的重要基础。发展特色产业能增强脱贫地区造血功能，帮助脱贫群众增加收益。脱贫地区发展特色产业需要注意以下问题。

第一，避免特色产业发展违背市场规律。脱贫地区政府高度重视发展特色产业，投入特色产业的资金资源日益增加。然而，产业发展有其自身的规律，必须坚持市场导向，立足优势资源选准产业，突出本地特色，才能受到市场的欢迎，进而通过延长产业链、提升价值链，不断提升特色产业的市场适应能力和竞争力。

第二，避免损害脱贫人口合理利益。党的十九大报告提出，要实现小农户和现代农业发展有机衔接。当前和今后很长一个时期，小农户家庭经营是我国农业的主要经营方式，必须正确处理发展适度规模经营和扶持小农户的关系。既要把准发展适度规模经营是农业现代化必由之路的前进方向，也要在发展多种形式适度规模经营的同时完善针对小农户的扶持政策。脱贫户农业发展的能力比较弱，在特色产业发展中处于弱势地位，合理利益也往往容易受到损害。脱贫地区发展特色产业，要发挥好新型农业经营主体对脱贫户的带动作用，健全新型农业经营主体与小农户的利益联结机制，使脱贫户成为特色产业发展的积极参与者和直接受益者。

第三，降低特色产业发展风险。农业产业是“弱质”产业，特色产业发展面临着自然和市场双重风险。脱贫地区发展特色产业要充分考虑产业发展的各类风险，完善农业保险政策体系，设计多层次、可选择、不同保障水平的保险产品，开发适应新型农业经营主体需求的保险品种。同时，鼓励开展天气指数保险、价格指数保险、贷款保证保险等试点，健全农业保险大灾风险分散机制。

44 | 脱贫地区应如何发展乡村特色产业？

脱贫地区发展乡村特色产业，应坚持规划引领，以特色种养业发展为重点，依托现代农业产业园、科技园、产业融合发展示范园打造区域公用品牌，加快农产品冷链物流设施建设，促进特色产业全产业链发展。

第一，大力实施特色种养业提升行动。编制脱贫地区特色产业发展规划，引导资金、技术、人才、信息向脱贫地区聚集。实施特色种养业提升行动，建设标准化生产基地，自主培育一批高产、优质、多抗的突破性品种，以优异种质资源，地方特色品牌赢得市场认可。完善全产业链支持措施，引导农产品加工企业向县域布局，发展产地初加工、精深加工和综合利用加工，提升农产品加工业水平，完善利益联结机制，让脱贫群众更多分享产业增值收益。

第二，加强农产品流通体系建设。推进脱贫地区农产品流通骨干网络建设，积极开展优化县域批发市场、商品集散中心建设、物流基地建设。引导供销、邮政及各类企业把服务网点向脱贫村延伸。支持脱贫地区建设田头市场、仓储保鲜冷链物流设施。支持农产品流通企业、合作社、电商、批发市场与区域特色产业精准对接。深入发展农村电子商务，加强电商主体培育和电商人才培训，提升特色产业电子商务支撑服务水平。

第三，积极建设现代化农业示范区。脱贫地区要围绕提高特色产业体系、生产体系和经营体系现代化水平，补短板、强弱项，加强资源整合、政策集成。把建设现代农业示范区作为推进乡村特色产业发展的重要抓手，按照政策集成、要素积聚、企业集中的要求，结合本地特色产业资源积极建设现代农业产业园、产业融合发展示范园等现代化农业示范区，促进特色产业全产业链发展。

第四，支持脱贫地区发展绿色产业。推进脱贫地区化肥农药减量化，构建有机肥施用长效机制。支持脱贫地区发展植保专业化服务组织，推广绿色防控产品和技术，推进品种培优、品质提升、品牌打造和标准化生产，构建农业绿色发展支撑体系。支持脱贫地区加强特色农产品优势区建设，积极开展绿色、有机、地理标志农产品认证。符合条件的脱贫地区区域公用品牌、产品品牌要积极争取纳入中国农业品牌目录。

45 如何深化拓展消费帮扶？

消费帮扶一头连着脱贫地区农民的“钱袋子”，一头连着城市居民的“粮袋子”“菜篮子”“果盘子”。消费帮扶既满足了市民对生态农产品的需求，也解决了脱贫群众农产品销路问题。应以脱贫地区和脱贫人口为重点，聚焦“三区三州”等原深度贫困地区、乡村振兴重点帮扶县等巩固拓展脱贫攻坚成果任务较重地区，兼顾其他欠发达地区和农村低收入人口，从以下方面深化拓展消费帮扶，充分发挥消费帮扶的作用。

第一，大力拓宽脱贫地区农产品销售渠道。要进一步强化农产品滞销监测预警，建立多方联动的应急处置机制，切实防范和化解脱贫地区特色农产品滞销问题。深入实施快递下乡工程，支持脱贫地区完善网络基础设施，构建好快递服务网络，提高脱贫人口使用网络和用户终端等能力。支持供销合作社、邮政和大型电商企业、商贸流通企业、农产品批发市场等推动产地仓升级，增强仓储、分拣、包装、初加工、运输等综合服务能力。支持鼓励大型电商企业为脱贫地区设立专卖店、电商帮扶馆。支持脱贫地区参加农博会、农贸会、展销会，专设消费帮扶展区，集中推介、展示、销售特色农产品。

第二，全面提升脱贫地区农产品供给水平。加快脱贫地区农产品标准化体系建设，支持脱贫地区制定特色农产品地方标准，开展标准化生产。推广食用农产品安全控制规范和技术规程，推广应用国家农产品质量安全追溯平台，扩大脱贫地区农产品质量安全追溯覆盖面。深入挖掘脱贫地区特色农产品品种资源，优化农产品品种和区域布局，大力发展订单农业，提高农产品供给的规模化、组织化水平，增强农产品持续供给能力。支持脱贫地区制定区域性帮扶产品标识，打造区域性特色农产品品牌。

第三，促进脱贫地区休闲农业和乡村旅游提质增效。继续改造提升脱贫地区休闲农业和乡村旅游道路、通村公路、景区景点连接线通行能力，提升交通通达性和游客便利度。动员科研机构和高等院校，帮助脱贫地区培训休闲农业和乡村旅游人才，组织脱贫人口参加相关专业技能和业务培训，提升服务规范化和标准化水平。鼓励脱贫地区组建休闲农业和乡村旅游协会、产业及区域品牌联盟组织，形成经营主体自我管理、自我监督、自我服务的管理服务体系。支持脱贫地区发展“乡村旅游＋互联网”模式，开展多种形式的乡村旅游公益宣传。

第四，广泛动员各方力量参与消费帮扶。将开展消费帮扶作为东西部协作和对口帮扶的重要内容，建立与受援地区长期稳定的产销衔接机制，形成区域互助消费的良好局面。将开展消费帮扶作为中央单位定点帮扶重要内容，组织开展形式多样的特色农产品消费帮扶活动。依托脱贫地区农副产品网络销售平台深入推进消费帮扶，各级预算单位预留一定比例的食堂食材采购份额采购脱贫地区农副产品。依托“万企兴万村”行动机制，动员电商平台企业销售脱贫地区农产品，帮助解决农产品滞销卖难问题。

46 促进脱贫人口稳定就业的重要意义是什么？

就业是民生之本、财富之源，是贫困人口摆脱贫困最直接、最有效、最可持续的途径。促进脱贫人口稳定就业具有以下三个方面的重要意义。

第一，促进脱贫人口稳定就业对防止返贫具有重要作用。随着经济社会发展和城乡要素加快流动，通过就业获得的工资性收入已成为脱贫家庭收入的重要组成部分。脱贫攻坚战中，相当多的贫困人口通过就业增加了收入，摆脱了贫困。然而，在通过就业帮扶摆脱了贫困的人口中，仍有一部分人因技能水平低、就业竞争能力较弱等原因，就业稳定性较差，脱贫之后仍存在返贫风险。针对这些脱贫人口开展就业帮扶，提高其就业稳定性，确保他们获得可持续的收入来源，能有效防止其脱贫后再返贫。

第二，促进脱贫人口稳定就业有助于维护脱贫地区的社会安定。就业是社会的“稳定器”，事关基本民生和社会稳定大局。许多贫困群众依靠就业帮扶摆脱了贫困，同时他们的生活保障也更加依赖于就业。例如，向城镇搬迁的脱贫群众逐渐远离农业生产，就业成为他们生存与发展的最重要手段。因此，促进脱贫人口稳定就业对保障脱贫群众生活安定、维护脱贫地区社会稳定具有重要的意义。

第三，促进脱贫人口就业有助于促进脱贫地区经济增长。就业是财富之源。促进脱贫人口稳定就业不仅具有重要的民生意义，也有助于促进脱贫地区经济稳步增长。促进脱贫人口稳定就业能为脱贫地区企业发展提供较为充足的劳动力资源和人才支撑，促使劳动力与生产资料更好地结合，创造更多社会财富。促进脱贫人口稳定就业能增加脱贫群众的收入，提高其生活水平，提升消费能力，拉动脱贫地区经济增长。

47 如何持续做好有组织劳务输出工作?

组织劳务输出是就业帮扶的重要内容，是脱贫人口实现稳定就业的重要举措。可以从以下四个方面着力做好有组织劳务输出工作，促进脱贫人口稳定就业。

第一，搭建好用工信息平台。依托互联网技术，健全完善脱贫地区农村劳动力就业信息实名制数据库，形成跨部门、跨地区联动维护机制。各级人力资源和社会保障部门确定脱贫人口帮扶对象，动态管理脱贫劳动力就业和失业信息，记录相关就业服务和享受政策情况。

第二，大力培育脱贫地区劳务品牌。围绕培育脱贫地区具有地域特色、行业特征和技能特点的劳务品牌，广泛开展摸底调查，掌握本地区劳务品牌数量、分布、特征等基本情况，有针对性制定发展规划和建设方案，明确建设思路、发展方向和工作重点。分类型发展劳务品牌，分领域培育劳务品牌，建立重点劳务品牌资源库，组织各类培训机构、职业院校开展劳务品牌相关职业技能培训。进一步完善创业扶持、品牌培育政策。通过完善行业标准、邀请专家授课、举办技能比赛等多种途径，引导劳务品牌龙头企业向专精特新发展。

第三，积极开展职业技能培训。根据脱贫劳动力就业意愿和市场用工需求，开展职业技能培训。创新培训方式，加强师资配置，提升培训质量。通过项目制方式，整建制购买职业技能培训或创业培训项目，为脱贫劳动力免费提供培训。对参加职业技能培训的脱贫劳动力给予生活费补贴。对就读技工院校的脱贫户家庭学生按规定免除学费、发放助学金，支持其顺利完成技工教育并帮助其就业。

第四，提升脱贫人口劳务输出组织化程度。依托东西部劳务协作、对口支援、省内劳务对接等机制，扩大劳务输出规模，提升劳务输出的组织化程度和就业质量。对各级公共就业服务机构、人力资源服务机构、劳务经纪人开展的针对脱贫劳动力职业指导、专场招聘、有组织劳务输出等就业服务活动，给予就业创业服务补助并提高补助标准。对企业接收脱贫劳动力就业并签订劳动合同的，输入地要参照当地就业困难人员落实社会保险补贴、创业担保贷款及贴息等政策。

48　如何发挥以工代赈在促进就业方面的作用？

以工代赈是农村劳动力参与涉农项目工程建设并获取劳

动报酬的一项就业帮扶政策，是实现脱贫人口稳定就业的重要举措。习近平总书记指出，要多采用以工代赈、生产奖补、劳务补助等方式，组织动员贫困群众参与帮扶项目实施，教育和引导广大群众用自己的辛勤劳动实现脱贫致富。可以从以下三个方面发挥好以工代赈在促进脱贫人口就业方面的作用。

第一，准确把握以工代赈政策实施范围。在深刻把握以工代赈性质特征的基础上，结合农业农村基础设施建设和涉农项目建设需求，选择一批投资规模小、技术门槛低、前期工作简单、务工技能要求不高的农业农村基础设施项目，积极推广以工代赈方式。围绕脱贫地区人居环境、小型水利、乡村道路、农田整治、水土保持、产业园区、林业草原基础设施等涉农项目建设和管护积极谋划采取以工代赈方式实施项目。

第二，积极谋划采取以工代赈实施项目。各地的农业农村、交通、水利、文化旅游、林草、乡村振兴局等部门在开展相关项目谋划、相关规划和年度投资计划编制等工作时，要积极推广以工代赈方式。发展改革部门加强与相关行业主管部门统筹协调和沟通衔接，强化规划衔接和项目对接，分年度梳理形成采取以工代赈方式实施的涉农项目建设清单。

第三，广泛动员脱贫劳动力参与以工代赈项目。鼓励引导项目实施单位按照就地就近的原则，优先吸纳防止返贫监测对象及其他农村低收入群体参与工程项目建设。项目所在地乡镇政府和村委会与项目实施单位建立劳务信息沟通机制，根据项目实施单位用工需求，做好脱贫劳动力的动员组织工作，为项目实施提供劳务保障。鼓励村集体经济组织或其领办的合作社，组织脱贫劳动力组建施工队伍开展工程建设。统筹各类培训资源，结合脱贫劳动力就业意愿和涉农项目建设用工需求，有针对性地开展技能培训，解决好脱贫劳动力因技能不足而难以参与工程建设的问题。根据当地实际情况在依法合规的前提下尽量提高项目资金中劳务报酬发放比例，合理确定劳务报酬指导标准，及时足额发放以工代赈劳务报酬。

49　如何统筹用好乡村公益性岗位？

乡村公益性岗位是就业帮扶的重要组成部分，是实现脱贫人口稳定就业的兜底性保障举措。应发挥公益性岗位“兜底线、救急难”作用，统筹用好乡村公益性岗位，促进脱贫人口稳定就业。

第一，聚焦乡村公共服务开发公益性岗位。开发保洁、保绿、公共设施维护、便民服务、妇幼保健、托老托幼助残、乡村快递收发等便民服务类岗位。弥补“三农”领域基础设施建设、人居环境整治和生态治理不足，开发农村公路建设与管护、村庄公共基础设施建设与管护、水利工程及水利设施建设与管护、河湖巡查与管护、垃圾污水处理、厕所粪污无害化处理、河塘清淤整治、造林绿化等岗位。

第二，公开公平公正开展岗位招聘。公开发布岗位招聘信息，在网络或乡镇、村公告栏发布张贴招聘公告，注明拟聘任岗位的岗位名称、薪酬待遇、工作内容、工作要求、工作地点等信息。规范开展人员招聘。组织好上岗资格认定，确定岗位拟招用人员并向社会公示，接受社会各方监督。

第三，加强岗位规范化管理。严格开展公益性岗位安置人员身份核实认定，确保依法依规安置符合条件的脱贫劳动力。加强在岗人员履职情况监管，定期开展考核评价，重点考核工作成效、遵守规章制度和工作纪律情况。及时纠正查处安置不符合条件人员、优亲厚友、轮流坐庄、资金补贴一发了之、变相发钱等违法违规行为，坚决避免一村多岗、一人多岗等岗位设置过多过滥等现象。强化实名制动态管理，建立省级公益性岗位数据库，做好各类公益性岗位统计分析。

50 | 如何对就业困难人员进行就业援助?

尽管实现了脱贫，但是少数脱贫人口由于就业能力低、信息不畅等原因仍然面临就业困难问题。为此，要把脱贫人口就业援助作为确保有就业能力、就业意愿的脱贫人口都能实现稳定就业的重要抓手，组织开展就业援助专项活动，促进就业困难脱贫人口实现稳定就业。

第一，建立援助困难人员帮扶清单。通过数据比对、联系核实等方式，将脱贫人口中尚未就业，以及灵活就业但收入较低、就业不稳定的人员作为就业援助的重点服务对象，建立帮扶清单。详细了解掌握就业困难人员基本信息和就业信息，做到基本情况清、就业需求清、技能水平清、就业意向清，为进行就业精准援助提供支撑。

第二，广泛收集就业岗位信息。人力资源和社会保障部门深入辖区内各类用人单位，广泛收集符合脱贫人口需求特点的岗位，建立岗位信息库，为实施就业援助做好准备。依托社区开发收集一批便民商业、物业管理等社区服务岗位，方便困难群众就近就业。动员经营业绩好、社会责任感强的企业拿出一批有保障、无年龄限制、无技能要求、无学历门槛的岗位，拓展困难群众就业渠道。准备一批保洁保绿、基层协管等公益性岗位，对难以通过市场渠道实现就业的困难群众予以托底安置。

第三，精准开展就业援助服务。针对就业困难脱贫人口特点，围绕就业困难脱贫人口不同需求，精准开展就业援助服务。对就业意愿不足的，开展政策宣讲、职业指导，帮助其提振信心，合理规划求职方向。对技能不足的，提供至少1个培训项目。对有就业意愿的，对照帮扶清单和岗位信息库，提供适合的岗位。对符合条件的就业困难脱贫人口及用人单位，落实就业援助各项补贴政策，鼓励困难群众灵活就业、自主创业，鼓励用人单位更多吸纳就业困难脱贫人口就业。

51 改善脱贫地区基础设施条件的重要意义是什么？

基础设施是经济社会正常活动的基础，是实现区域经济社会效益的重要条件。脱贫地区基础设施薄弱，脱贫攻坚显著改善了脱贫地区基础设施条件，但脱贫地区基础设施水平仍不高，与其他地区相比仍有一定差距。持续改善脱贫地区基础设施具有以下两个方面的重要意义。

第一，改善基础设施能为脱贫地区经济发展提供有利条件。高质量的基础设施，能有效畅通脱贫地区与外界的人流、物流、知识流、信息流，提升区位优势、减小劣势，吸引要素集聚。改善基础设施能为脱贫地区经济发展提供有力的硬件支撑，促进脱贫地区产业的长足发展。

第二，改善基础设施有助于提升脱贫人口生活质量。尽管脱贫地区基础设施水平经过脱贫攻坚获得了显著提升，但仍未满足群众美好生活的需要。在脱贫地区持续推进数字信息化乡村建设，提升水、电、路、讯、网等基础设施的覆盖面，提升村级综合服务水平，能丰富脱贫群众的物质生活与精神生活，提高脱贫群众的生活质量，有效增强脱贫群众的获得感、幸福感、安全感。

52 ｜ 改善基础设施条件包括哪些内容？

乡村要振兴，加强基础设施建设是关键一环。改善脱贫地区基础设施对巩固拓展脱贫攻坚成果和实现乡村振兴都具有重要作用。结合脱贫地区基础设施状况，改善脱贫地区基础设施条件主要包括了以下内容。

第一，加强脱贫地区重大基础设施建设。打赢脱贫攻坚战后，脱贫地区基础设施短板体现为跨域性基础设施不足。继续加大对脱贫地区基础设施建设的支持力度，重点谋划建设一批高速公路、客货共线铁路、水利、电力、机场、通信网络等区域性和跨区域重大基础设施建设工程。

第二，实施农村人居环境整治提升行动。按照实施乡村建设行动统一部署，支持脱贫地区农村户用厕所改造，引导新改户用厕所入院入室。指导农户科学选择农村改厕技术模式。统筹推进农村厕改和生活污水治理。健全农村生活垃圾收运处置体系，推进源头分类减量、资源化处理利用，在脱贫地区建设一批有机废弃物综合处置设施。健全农村人居环境设施运行管护机制，持续推进村庄清洁和绿化美化行动。

第三，加强乡村道路基础设施建设。实施脱贫地区农村道路畅通工程，加快实施乡村地区普通公路提档升级，有序实施乡镇通三级公路建设、老旧公路改造和窄路基路面加宽改造，有序推进较大人口自然村（组）通硬化路建设。加强脱贫地区农村公路和村内主干道连接，加大农村资源路、产业路、旅游路建设力度。继续推进脱贫县“四好农村路”建设，促使交通项目更多向进村入户倾斜。全面落实“县乡村”三级路长制，推进农村公路养护数字化、信息化，健全以路段为基础的农村公路统计管理机制。

第四，统筹推进脱贫地区物流体系建设。统筹推进脱贫地区县乡村三级物流体系建设，深入实施“快递下乡”“快递进村”工程，引导供销、邮政及各类物流企业把服务网点延伸到脱贫村。发展脱贫地区农村电子商务，实施“数商兴农”，统筹市场力量参与农村电商基础设施建设。

第五，实施脱贫地区乡村电气化提升工程。支持脱贫地区电网建设，促进乡村电网提档升级。实施脱贫地区乡村电气化提升工程，筑牢乡村振兴电气化基础，推动农业生产电气化、农村生活电气化，加强乡村电气化服务，建设坚固耐用、灵活友好、智能互动现代化农网，促进乡村能源生产和消费升级，为服务脱贫地区乡村振兴提供电力保障。

53 | 改善基础设施条件应注意哪些问题？

基础设施建设投资规模大、涉及部门多，改善脱贫地区基础设施条件应该重点注意以下三个问题。

第一，要突出规划引领作用。规划是基础设施建设的“施工图”。要坚持规划先行，先规划后建设。坚持当前与长远相结合，充分发挥规划对脱贫地区基础设施建设的引领作用。既要着力解决当前影响脱贫地区群众生活质量的基础设施短板问题，又要立足长远，放眼城乡融合发展、促进农业农村现代化发展，持续提升脱贫地区基础设施质量，切忌刮风搞运动、贪大求洋求快。

第二，要增强群众的获得感。基础设施的改善应综合考虑脱贫地区发展和脱贫人口的需求，促进农村“硬件”建设和“软件”建设相匹配。基础设施建设要注意保留乡村的民俗风貌与烟火气息，因地制宜制定实施方案，防止千村一面。基础设施建设要谋求取得实实在在的效果，不搞形式主义和“形象工程”，防止民心工程变成“失心”工程。

第三，转变“重建设，轻管护”观念。脱贫地区自然条件较差、自然灾害较多，基础设施建成后的管理与维护尤为重要。要转变“重建设，轻管护”的观念，落实好管养主体责任，建立健全基础设施长效管护机制。

54 提升脱贫地区公共服务水平的背景是什么？

在现代社会，公共服务是人民群众获得感、幸福感、安全感的重要保障，努力使人人享有基本公共服务是政府的重要职责。提升脱贫地区公共服务水平的背景主要有以下两点。

第一，脱贫地区公共服务水平明显提升。脱贫攻坚显著提升了脱贫地区教育、医疗、文化、社会保障等公共服务水平，实现脱贫人口学有所教、病有所医、老有所养、弱有所扶。2013 年至 2020 年，实现脱贫地区适龄儿童都能在所在村上幼儿园和小学。脱贫地区医疗条件显著改善，消除了乡村两级医疗卫生机构和人员“空白点”，98%的脱贫县至少有一所二级以上医院，脱贫地区县级医院收治病种中位数达到全国县级医院整体水平的 90%，脱贫人口的常见病、慢性病基本能够就近获得及时诊治，越来越多的大病在县域内就可以得到有效救治。脱贫地区综合保障体系逐步健全，脱贫县农村低保标准全部超过国家扶贫标准。脱贫地区公共文化服务水平不断提高，基本实现村级文化设施全覆盖。

第二，脱贫地区公共服务供给不平衡、不充分。党的十九大报告明确指出，我国社会主要矛盾已经转化为人民日益增长的美好生活需要和不平衡不充分的发展之间的矛盾。经过脱贫攻坚战，脱贫人口尽管实现了“两不愁三保障”目标，但是城乡公共服务水平的差距仍然显著，乡村教育、医疗等方面的公共服务质量和水平与脱贫群众期待还有一定距离。需要进一步加强公共服务在乡村的供给，增强公共服务在县城、小城镇和乡村之间的同步性，促进脱贫地区城乡基本公共服务均等化。

55 提升脱贫地区公共服务水平的主要内容是什么?

提升脱贫地区公共服务水平，促进公共服务均等化、便捷化，是提高保障和改善民生水平的必然要求，对于不断满足脱贫群众日益增长的美好生活需要、不断促进社会公平正义、不断增进脱贫群众在共建共享发展中的获得感，具有重要意义。提升脱贫地区公共服务水平主要包括以下内容。

第一，提升脱贫地区教育水平。巩固义务教育基本均衡成果，完善办学标准，推动脱贫地区义务教育优质均衡发展和城乡一体化。继续实施脱贫地区农村义务教育薄弱学校改造、义务教育薄弱环节改善与能力提升工作，加大寄宿制学校和乡村小规模学校建设。巩固提升高中阶段教育普及水平，鼓励高中阶段学校多样化发展。加强脱贫地区职业院校（含技工院校）基础能力建设，实施现代职业技术教育质量提升计划，突出职业技术（技工）教育类型特色，创新办学模式，深化产教融合、校企合作，鼓励企业举办高质量职业技术教育。继续实施家庭经济困难学生资助政策和农村义务教育学生营养改善计划。继续增加脱贫地区公费师范生培养供给，加大乡村教师队伍建设力度，加强城乡教师合理流动和对口支援。

第二，稳步提升脱贫地区医疗服务水平。过渡期内保持健康帮扶政策基本稳定，优化调整脱贫人口医疗救助资助参保政策，对特困人员给予全额资助，对低保对象给予定额资助，脱贫不稳定且纳入相关部门农村低收入人口监测范围的，过渡期内可根据实际享受一定期限的定额资助政策。完善大病专项救治政策，在逐步提高大病保障水平的基础上，大病保险继续对特困人员、低保对象和返贫致贫人口实施倾斜支付。优化高血压等主要慢病签约服务。调整完善县域内先诊疗后付费政策，探索实行预付款制度，结合社会诚信体系建设，将恶意欠费逃费信息纳入个人信用信息管理。继续开展三级医院对口帮扶并建立长效机制，完善对口帮扶工作信息管理，提升脱贫地区医疗服务能力和管理水平。加大脱贫地区医疗卫生机构基础设施建设和设备配备力度，继续改善疾病预防控制机构条件。

第三，提升脱贫地区农村低收入人口住房安全保障水平。继续实施农村危房改造，鼓励采取统建农村集体公租房、修缮加固现有闲置公房等方式，供自筹资金和投工投劳能力弱的特殊困难农户周转使用，解决其住房安全问题。健全动态监测机制，对监测发现的住房安全问题要建立工作台账，实行销号制度，解决一户，销号一户，确保所有保障对象住房安全。继续实施地震高烈度设防地区农房抗震改造，7度及以上抗震设防地区住房达不到当地抗震设防要求的，引导农户因地制宜选择拆除重建、加固改造等，对抗震不达标且农户符合条件的农房实施改造。

第四，提升脱贫地区农村社区综合服务水平。继续加强脱贫地区村级综合服务设施建设，持续引导管理服务向农村基层延伸，为脱贫地区群众提供“一门式办理”“一站式服务”，构建线上线下相结合的乡村便民服务体系，提升为民服务能力和水平。将农村民生和社会治理领域中属于政府职责范围且适合通过市场化方式提供的服务事项，纳入政府购买服务指导性目录。推动各级投放的公共服务资源以乡镇、村党组织为主渠道落实。

56 提升脱贫地区公共服务水平的重点是什么？

经过脱贫攻坚战，脱贫地区公共服务设施条件不断改善，但是仍存在供给不足、质量不高、发展不均衡等问题。提升脱贫地区公共服务水平可以围绕以下重点内容，促进公共服务供给更加充足、资源布局不断优化、服务质量明显提高。

第一，促进脱贫地区教育优质均衡发展。继续改善义务教育办学条件，推进脱贫县域内城乡义务教育学校建设标准统一、教师编制标准统一、生均公用经费基准定额统一、基本装备配置标准统一，促进城乡义务教育均衡发展。继续加强乡村寄宿制学校和乡村小规模学校建设，补齐脱贫地区义务教育短板。实施现代职业技术教育质量提升计划，深入推进改革创新，不断增强脱贫地区职业院校教育适应性。加强乡村教师队伍建设，增加公费师范生培养供给，加强城乡教师合理流动和对口支援。

第二，增强脱贫地区医疗卫生服务能力。过渡期内保持现有健康帮扶政策基本稳定，根据脱贫人口实际困难，统筹完善居民医保分类资助参保政策，合理把握调整节奏、力度、时限。在逐步提高大病保障水平基础上，大病保险继续对特困人员、低保对象和返贫致贫人口实施倾斜支付。建立健全三级医院对口帮扶长效机制，持续提升脱贫地区县级医院诊疗能力。完善县域内先诊疗后付费政策，确保有效解决农村低收入人口垫资压力和费用负担，又要防止恶意欠费逃费给医院造成损失。

第三，完善农村低收入人口住房安全保障机制。建立农户主体、政府补助、社会帮扶等多元化农村低收入人口住房建设资金筹措机制。加强部门协调联动和数据互通共享，健全农村低收入群体住房安全动态监测机制。建立农村房屋全生命周期管理制度，充分依靠乡（镇）政府和村“两委”，落实农户住房安全日常巡查、改造过程技术指导与监督等职责。

第四，促进脱贫地区农村社区综合服务便捷化。推动各级投放的公共服务资源以乡镇、村党组织为主渠道进行落实，加快构建线上线下相结合的乡村便民服务体系，推动农村社区综合服务便捷化，为群众提供高效便捷的公共服务。

脱贫攻坚与乡村振兴政策衔接的重要意义是什么？

到2020年，我国脱贫攻坚已经取得全面胜利，这是中国共产党带领广大人民创造美好生活和实现共同富裕路上迈出的坚实一步。然而，脱贫摘帽不是终点，而是新生活、新奋斗的起点。新时代我国仍然面临发展不平衡不充分、城乡区域发展差距大等诸多问题，需要接续实施乡村振兴战略，做到巩固拓展脱贫攻坚成果与乡村振兴的有效衔接。在此过程中，脱贫攻坚与乡村振兴政策衔接是一个基本方面，实现政策衔接具有重要意义，主要表现为以下两个方面。

第一，脱贫攻坚同乡村振兴政策衔接是防止大规模政策性返贫的必然要求。脱贫攻坚要求在短期内解决贫困人口的绝对贫困问题，具有一定的局部性、紧迫性、突击性特点。在脱贫攻坚期，为了完成脱贫攻坚目标任务，从中央到地方采取了超常规的政策措施。在脱贫攻坚任务完成后，伴随着“三农”工作重心的历史性转移，鉴于乡村振兴则试图从根本上解决“三农”问题，实现农业强、农民富和农村美的愿景，具有一定的综合性、渐进性、持久性特点，乡村振兴政策是对脱贫攻坚期超常规政策措施的调整与完善，有助于避免因政策急刹车可能出现的大规模政策性返贫问题发生。在此层面上讲，脱贫攻坚同乡村振兴政策有效衔接是防范大规模政策性返贫的必然要求。

第二，脱贫攻坚同乡村振兴政策衔接是“三农”工作历史性转移的必然要求。从脱贫攻坚到乡村振兴是我国“三农”工作的历史性转移。尽管无论是乡村振兴还是脱贫攻坚，都是围绕“三农”问题作出的重大决策，且在内容、范围以及实施方式等诸多方面都有重叠耦合和内在一致性。但是两者对政策制定要求存在一定的差异性，脱贫攻坚政策侧重通过“六个精准”，实现“五个一批”，最终达到贫困县脱贫摘帽、贫困村出列、贫困户收入超过贫困线，达到“两不愁三保障”目标；而乡村振兴政策侧重强调以“产业兴旺、生态宜居、乡风文明、治理有效、生活富裕”为发展目标，进一步关注乡村社会在完成脱贫攻坚底线任务基础上的振兴与发展，对财政投入、金融服务、土地支持以及人才智力支持等方面政策提出新的要求。由此，只有将脱贫攻坚与乡村振兴政策有效衔接才能够接续推进乡村振兴，以符合“三农”工作历史性转移的要求。

58 财政投入政策衔接的主要内容和路径是什么？

财政政策在脱贫攻坚过程中发挥了重要作用，财政扶贫资金投入为打赢脱贫攻坚战提供了坚实的资金保障。伴随着脱贫攻坚取得全面胜利，实现乡村全面振兴成为“三农”工作的重心，这需要在过渡期内继续发挥财政投入政策的重要作用，保持财政支持政策整体稳定，结合巩固拓展脱贫攻坚成果同乡村振兴有效衔接的需要和财力状况，合理安排财政投入规模，优化支出结构，调整支持重点。财政投入政策衔接的主要内容和路径包括以下四个方面。

第一，现有财政相关转移支付继续倾斜支持脱贫地区，继续发挥好财政资金投入主渠道作用。一是保留并调整优化原财政专项扶贫资金。财政专项扶贫资金在脱贫攻坚期发挥了重要作用。在新的历史时期，要继续安排财政专项资金，聚焦巩固拓展脱贫攻坚成果和乡村振兴的需要，向国家乡村振兴重点帮扶县予以适当倾斜，并逐步提高用于产业发展的比重。二是在过渡期前 3 年脱贫县继续实行涉农资金统筹整合试点政策，此后调整至国家乡村振兴重点帮扶县实施，其他地区探索建立涉农资金整合长效机制。三是对支持脱贫地区产业发展效果明显的贷款贴息、政府采购等政策，在调整优化基础上继续实施。四是确保以工代赈中央预算内投资落实到项目，及时足额发放劳务报酬。

第二，用好城乡建设用地增减挂钩政策，统筹使用好地方可支配财力，偿还“十三五”易地扶贫搬迁融资资金。在脱贫攻坚期，各地实现城乡建设用地增减挂钩跨省调剂和省内流转资金4400多亿元，扩充了贫困地区地方政府用于脱贫攻坚的财源。应继续用好城乡建设用地增减挂钩政策，统筹使用好地方可支配财力，用于偿还“十三五”易地扶贫搬迁融资资金。

第三，以现有资金支出渠道支持对农村低收入人口的救助帮扶。将现有社会救助政策瞄准农村低保对象、农村特困人员、农村易返贫致贫人口以及因病因灾因意外事故等刚性支出较大或收入幅度缩减导致基本生活出现严重困难人口等农村低收入人口，保持救助资金支出渠道不变。

第四，过渡期内延续脱贫攻坚相关税收优惠政策。在脱贫攻坚阶段，我国在中小企业和农户、扶贫捐赠、发展基础设施建设以及撬动金融资金等诸多方面实施了税收优惠政策，发挥了良好的扶贫效益，应在过渡期内予以保留延续。

金融服务政策衔接的主要内容和路径是什么？

在脱贫攻坚阶段，金融扶贫发挥了“四两拨千斤”的作用。在乡村振兴阶段，要做好金融扶贫政策的有效衔接，保持金融服务政策总体稳定，推动银行、保险以及信托等各类机构优势资源有机整合，为农村低收入人口、新型农业经营主体以及产业发展提供优质的金融服务。

第一，继续发挥再贷款作用，现有再贷款帮扶政策在展期期间保持不变。针对脱贫地区、非脱贫地区法人金融机构进行分类施策，对于脱贫地区法人金融机构新发放符合条件的贷款运用再贷款予以支持，引导非脱贫地区法人金融机构运用支农再贷款优先支持乡村振兴事业。同时，最大限度满足金融机构支农再贷款，且保持现有再贷款帮扶政策在展期内不变。

第二，继续对符合条件的贷款对象给予贷款政策支持。要注重创新金融产品和服务，进一步完善针对脱贫人口的小额信贷政策，助推其发展产业和稳定增收。边缘易致贫户可按照执行。对有较大贷款资金需求、符合贷款条件的对象，鼓励其申请创业担保贷款政策支持。同时，充分发挥农业信贷担保体系作用，鼓励和引导金融机构为脱贫地区新型农业经营主体发展产业提供信贷支持。

第三，加大对脱贫地区优势特色产业信贷和保险支持力度。在设计脱贫地区优势特色产业信贷的过程中，各地要因地制宜引导金融机构突出体现金融助农的精准性和有效性。以不新增地方政府隐性债务为前提条件，鼓励金融机构开发符合乡村一二三产业融合发展需求的信贷产品。同时，要注重延续和优化配套农业保险产品。扩大中央财政对地方优势特色农产品保险以奖代补试点范围，鼓励脱贫地区因地制宜开发特色产品险种，增加特色产品保险品类，提升保险风险保障水平。在有条件的情况下，可探索农产品期货期权和农业保险联动机制，开发具有地方特色的“期货（权）+保险”农业险种。

第四，对脱贫地区继续实施企业上市“绿色通道”政策。推动脱贫地区企业借助首次公开发行股票、中小企业股份转让系统挂牌、发行公司债券等，扩大直接融资规模。

60 土地支持政策衔接的主要内容和路径是什么？

脱贫攻坚以来，土地政策为改善贫困地区生产生活条件、促进农民脱贫发展发挥了积极的作用。进入乡村振兴阶段，伴随着“三农”重心的历史性转移，需要继续发挥土地支持政策的积极作用，结合巩固拓展脱贫攻坚成果和乡村振兴实际需要，做好脱贫攻坚与乡村振兴的土地支持政策衔接。

第一，坚持最严格耕地保护制度，强化耕地保护主体责任，严格控制非农建设占用耕地，坚决守住 18 亿亩耕地红线。要做好生态、农业、城镇等功能空间的统筹布局，对各类空间管控的边界进行科学划定，实行严格的土地用途管制。以“长牙齿”的措施落实严格的耕地保护制度。坚决遏制耕地“非农化”、防止“非粮化”，对违规占用耕地和违背自然规律绿化造林、挖湖造景等行为予以严格禁止，深入推进农村乱占耕地建房专项整治行动。强化耕地保护主体责任，加强和改进建设占用耕地占补平衡管理，严格新增耕地核实认定和监管。健全耕地数量和质量检测监管机制，加强耕地保护督查和执法监督，实施耕地保护责任目标考核。

第二，保障巩固拓展脱贫攻坚成果和乡村振兴建设用地需要。以国土空间规划为依据，按照应保尽保原则，新增建设用地计划指标优先保障巩固拓展脱贫攻坚成果和乡村振兴用地需要，过渡期内专项安排脱贫县年度新增建设用地计划指标，专项指标不得挪用；原深度贫困地区计划指标不足的，由所在省份协调解决，实施特殊用地审批政策，足额保障深度贫困地区基础设施建设、民生发展等巩固脱贫攻坚成果和乡村振兴建设用地需要。

第三，以城乡建设用地增减挂钩政策巩固拓展脱贫攻坚成果和乡村振兴。继续以城乡建设用地增减挂钩政策显化土地级差收益，推进土地资源的优化配置，为巩固拓展脱贫攻坚成果和乡村振兴提供国家财政转移支付之外的强有力的资金来源。过渡期内，对脱贫地区继续实施城乡建设用地增减挂钩节余指标省内交易政策。在东西部协作和对口支援框架下，对现行政策进行调整完善，继续开展增减挂钩节余指标跨省域调剂。

61 如何做好巩固拓展脱贫攻坚成果同乡村振兴的人才智力支持衔接？

在脱贫攻坚阶段，教育、医疗、技术以及乡村治理等领域的各项人才智力支持政策为打赢脱贫攻坚战发挥了重要作用。无论是脱贫攻坚还是乡村振兴，都需要以强大的人才智力支撑为保障。乡村振兴，关键在人。在乡村振兴进程中，要深入贯彻习近平总书记关于推动乡村人才振兴的重要指示精神，落实党中央、国务院有关决策部署，延续脱贫攻坚期间各项人才智力支持政策，建立健全引导各类人才服务乡村振兴长效机制。

第一，继续充实乡村教育、卫生、技术以及乡村治理等各类人才队伍。在教育方面，优先满足脱贫地区对高素质教师的补充需求，对于长期在乡村学校任教的教师，可以按照“定向评价、定向使用”的方式给予评定高级职称。在高级职称岗位总量控制、比例单列的前提下，可不受所在学校岗位结构比例限制。在生活上，要落实乡村教师生活补助、周转宿舍以及住房保障等相关政策。在医疗方面，支持城市二级及以上医院在职或退休医师到乡村基层医疗卫生机构多点执业，开办乡村诊所，充实乡村卫生健康人才队伍。在乡村治理方面，要继续实施高校毕业生“三支一扶”计划，扩大高校毕业生“三支一扶”计划招募规模。在农业技术推广方面，要在国家乡村振兴重点帮扶县对农业科技推广人员探索“县管乡用、下沉到村”的新机制，使农业科技推广人员真正服务农业农村发展。

第二，继续加大乡村教育、卫生、技术以及社会治理等各类人才培养力度。在教育方面，要继续实施革命老区、民族地区、边疆地区人才支持计划、教师专项计划和银龄讲学计划；要健全乡村教师发展体系，改革完善中小学幼儿园教师国家级培训计划，加大本土骨干教师培养力度，精准培养本土优秀教师。同时，按照规定落实相应资助政策，继续支持脱贫户“两后生”接受职业教育。在医疗方面，要继续深入实施全科医生特岗计划、农村订单定向医学生免费培养和助理全科医生培训，并将这些培训计划项目重点向中西部地区倾斜。在乡村治理方面，在一些重点高等院校实施“三支一扶”定向招生专项计划，同时加大对“三支一扶”人员培训力度。在农业技术推广方面，要实施基层农机人员素质提升工程，重点培训年轻骨干农技人员。

第三，建立和完善各方面人才向国家乡村振兴重点帮扶县基层流动的保障制度。要建立健全乡村振兴重点帮扶县人才振兴体制机制，健全农村工作干部培养锻炼制度，建立各类人才定期服务乡村制度，健全鼓励人才向基层一线流动激励制度，允许增值服务合理取酬，建立县域专业人才统筹使用制度，完善乡村高技能人才职业技能等级制度，建立健全乡村人才分类评价体系，提高乡村人才服务保障能力。

第四篇

健全农村低收入人口常态化帮扶机制

- 农村低收入人口监测
- 分层分类实施社会救助
- 合理确定农村医疗保障待遇水平
- 完善养老保障和儿童关爱服务

62 农村低收入人口有何基本特征？

农村低收入人口通常指农村低保对象、农村特困人员、农村易返贫致贫人口，以及因病因灾因意外事故等刚性支出较大或收入大幅缩减导致基本生活出现严重困难人口等。农村低收入人口有以下四个基本特征。

第一，家庭人均可支配收入水平低。低收入家庭一般是指家庭人均收入高于当地城乡低保标准，但低于低保标准1.5倍，且财产状况符合当地相关规定的低保边缘家庭。从总体上看，农村低收入人口的家庭人均可支配收入在总体水平中处于较低位置。

第二，发展能力弱。一是部分农村低收入人口的自身能力不足。他们往往受身体健康状况、受教育程度等因素制约，劳动技能匮乏或水平较低，从而使其在劳动力市场中处于弱势地位。二是部分农村低收入人口内生发展动力不足，主要表现为好吃懒做、安于现状以及“等靠要”思想严重，主动发展的积极性较低。

第三，生活水平低下。由于农村低收入人口人均可支配收入低，且收入十分不稳定，他们的生活水平往往处于较低水平，在衣食住行等方面存在着诸多困难。

第四，抗风险能力弱。农村低收入人口在应对自然灾害、疾病、市场波动等状况时往往不能很好应对或解决，脆弱性极强，难以经受打击，容易出现返贫现象。

63 为什么要对农村低收入人口进行监测？

农村低收入人口主要包括了农村低保对象、农村特困人员、农村易返贫致贫人口，以及因病因灾因意外事故等刚性支出较大或收入大幅缩减导致基本生活出现严重困难人口等，具有收入低、发展能力弱、生活水平低以及抗风险能力弱等特点。对农村低收入人口进行动态监测是巩固拓展脱贫成果和乡村振兴的必然要求。

第一，对低收入人口进行动态监测是巩固脱贫攻坚成果、防止大规模返贫的必然要求。在脱贫攻坚期，尽管脱贫攻坚期内一些贫困人口依靠短期帮扶举措、政策兜底等方式实现了脱贫，但是他们脱贫并不稳定，很容易返贫。同时，一些收入略高于贫困线的边缘户家底薄，生产生活一旦遇到困难或风险，很容易陷入贫困。对农村低收入人口进行动态监测能够及时发现、快速响应、动态调整，从而有效巩固脱贫攻坚成果、防止大规模返贫。

第二，对低收入人口进行动态监测是接续推进乡村振兴的必然要求。脱贫摘帽不是终点，而是新生活、新奋斗的起点。贫困地区脱贫摘帽以后，许多地方仍然存在自然条件恶劣、农民收入水平较低等突出问题。强化对农村低收入人口的动态监测能够及时发现低收入人口特征、类型以及形成原因等，从而因地制宜分类施策、因户施策，促进低收入人口能够在接续推进乡村振兴进程中赶上来、不掉队。

64 | 如何实现对农村低收入人口的有效监测？

对农村低收入人口进行有效监测是巩固拓展脱贫攻坚成果、防止规模性返贫和接续推进乡村振兴的必然要求。实现对农村低收入人口的有效监测要做到以下五点。

第一，明确监测对象。监测对象主要针对包括农村低保对象、农村特困人员、农村易返贫致贫人口，以及因病因灾因意外事故等刚性支出较大或收入大幅缩减导致基本生活出现严重困难人口在内的农村低收入人口。监测时应将脱贫不稳定户，边缘易致贫户作为重点监测对象。

第二，建立健全网络数据共享平台，构建农村低收入人口动态监测信息库。充分利用民政、扶贫、教育、人力资源和社会保障、住房和城乡建设、医疗保障等政府部门现有数据平台，建立包括农村低保对象、农村特困人员、农村易返贫致贫人口，以及因病因灾因意外事故等刚性支出较大或收入大幅缩减导致基本生活出现严重困难人口在内的农村低收入人口动态监测信息库，通过数据比对和信息共享，促进问题及时发现、妥善解决。

第三，建立健全基层主动发现机制，变“政策找人”为“人找政策”。通过发挥村民代表、村民组长、扶贫专干、村“两委”干部、驻村扶贫工作队等力量，对低收入人口相对集中的村组，确定专门人员，对农村常住居民人口进行排查、识别。

第四，完善农村低收入人口风险预警机制。健全多部门联动的风险预警、研判和处置机制，通过实地走访与网络监测相结合方式，及时预警存在致贫返贫风险的农村低收入人口，精准分析致贫返贫原因，及时发现、及时帮扶，分类分层纳入救助帮扶政策范围，确保符合条件的致贫返贫人口应保尽保、应救尽救。

第五，完善农村低收入人口定期核查和动态调整机制。认真开展农村低收入人口定期核查，摸清底数，结合农村低收入人口动态管理，整改信息核查发现的问题，及时进行调整，做到对象精准、进退有序，实施动态化管理。

65 如何完善农村低收入人口定期核查和动态调整机制?

完善农村低收入人口定期核查和动态调整机制是加强农村低收入人口监测的重要内容。完善农村低收入人口定期核查和动态调整机制要做到以下三点。

第一，建立农村低收入人口动态监测信息库。建立健全包括农村低保对象、农村特困人员以及其他农村低收入家庭成员在内的农村低收入人口动态监测信息库，加强对农村低收入人口监测预警。加强信息共享比对，利用大数据分析比对、实地入户查看等办法监测其“两不愁三保障”巩固情况，及时预警存在致贫返贫风险的农村低收入人口，精准分析致贫返贫原因，及时发现、及时帮扶，分类分层纳入救助帮扶政策范围，确保符合条件的致贫返贫人口应保尽保、应救尽救。

第二，健全农村低收入人口定期核查机制。地方政府有关部门要定期加强工作对接，开展大数据对比，对低收入人口开展动态监测，建立监测预警机制，将监测预警农户也纳入定期核查范围。乡镇（街道）、村（居）委员会相关工作人员要定期开展摸底排查，对低收入人口要定期采取上门探访、电话沟通等多种方式及时有效掌握其本人及家庭情况变化。

第三，健全农村低收入人口动态调整机制。明确并对标低收入人口认定标准，通过信息核对、实地调查等方式对这些家庭收入、财产状况进行调查核实，及时发现符合条件的低收入人口，要按照“认定一个，录入一个”的原则，将符合条件的低收入人口纳入信息系统，做好信息录入和更新。根据低收入人口及家庭动态变化情况，对不符合低收入人口标准的农户，可设定“渐退期”，适时终止救助帮扶措施，并在系统中进行“减员”处理。

66 如何科学认定农村低保对象？

农村低保对象是家庭年人均纯收入低于当地最低生活保障标准的农村居民，主要是因病残、年老体弱、丧失劳动能力以及生存条件恶劣等原因造成生活常年困难的农村居民。科学认定农村低保对象要做到以下三点。

第一，坚持全面客观、因地制宜和简便易行原则。一是坚持全面客观。根据农村最低生活保障家庭实际生活状况，坚持定性定量相结合，统筹考虑家庭成员收入、财产、刚性支出等情况，综合评估认定家庭实际贫困状况，精准认定农村最低生活保障对象。二是坚持因地制宜。立足当地经济社会实际、最低生活保障工作特点和基层社会救助经办服务能力，设置合理的农村最低生活保障家庭经济状况评估认定指标，制定科学的评估认定办法。三是坚持简便易行。健全农村最低生活保障家庭经济状况评估认定指标体系，规范评估认定指标的使用方式、条件，增强评估认定工作的可操作性，方便基层经办人员操作执行。

第二，严格执行认定程序。低保申请应由基层政府严格按规定程序认定，即使“不符合条件”也要做好政策法规解释宣传工作。在界定农村低保对象时需防止优亲厚友、徇私舞弊的事情发生，严格按照“政策严肃、程序规范、对象准确”的工作要求，防止将不符合条件的人纳入农村低保对象之中。要做好低保年审工作，规避“漏评”“错评”等现象发生，确保结果公开透明，将复核结果进行民主评议，及时将低保户情况在各村（社区）进行张榜公示，并设立举报电话，让群众广泛参与监督，坚决杜绝“人情保，关系保”，确保低保资金发放精准。

第三，运用科学可行认定方法。地方政府需强化农村最低生活保障家庭经济状况评估认定工作，对农村低保家庭的收入、财产、刚性支出以及辅助指标等方面的认定方式、程序和标准作出细致规定，推进评估认定工作的规范化、精准化和便利化，使低保人口认定办法科学可行。

67 | 怎样健全低保标准制定和动态调整机制？

健全我国的低保标准制定和动态调整机制是完善最低生活保障制度，分层分类实施社会救助的重要举措。为此，需做到以下两点。

第一，加大低保标准制定省级统筹力度。在低保标准制定中要加大省级统筹力度，提高标准制定层级，减少省域内区域差异，要综合考虑维持困难群众基本生活、当地物价水平、财政保障能力、低保制度城乡统筹等因素，科学制定行政区域内相对统一的农村最低指导标准。各省在研究制定当年农村低保标准时，既要保证农村低保标准动态、稳定地高于国家扶贫标准，也要从当地实际出发，避免增幅过高不可持续。农村低保金既可按照现行规定补差发放，也可以根据当地实际情况分档发放。同时，各省要考虑分类施保因素，对于获得低保后生活仍有困难的老年人、未成年人、重度残疾人和重病患者等特殊困难人群，可根据当地实际适当确定增发低保金额度。

第二，综合考虑居民人均消费支出或人均可支配收入等因素，结合财力状况合理建立动态调整机制。完善最低生活保障标准与物价上涨挂钩的联动机制。同时，健全低保对象定期核查机制。对特困人员、短期内经济状况变化不大的低保家庭，每年核查一次；对收入来源不固定、家庭成员有劳动能力的低保家庭，每半年核查一次。复核期内低保对象家庭经济状况没有明显变化的，不调整救助水平。鼓励有劳动能力的农村低保对象参与就业，在计算家庭收入时扣减必要的就业成本。规范低保对象家庭、经济状况重大变化报告机制。

68　如何才能更好地统筹使用社会救助资源？

社会救助关系到困难群众基本生活和衣食冷暖，是保障基本民生、促进社会公平、维护社会稳定的兜底性、基础性制度安排。在开展社会救助过程中，有必要统筹使用好社会救助资源，提高对不同类型困难群众社会救助的及时性、针对性以及服务效率。

第一，根据对象类型、困难程度等，及时有针对性地给予困难群众医疗、教育、住房、就业等专项救助，做到精准识别、应救尽救。专项救助针对救助对象的家庭类型、家庭人口、困难原因、困难程度等因素给予分类救助，采取以资金救助为主，实物救助为辅，资金与实物相结合的方式给予专项救助。各地可根据实际情况，在限额内自行确定救助标准。对突发性、急难性救助对象可采取先行救助，后办理手续的方式予以救助。专项救助工作开展后，各区（县）要立即安排部署、组织实施，要把困难群众暖心的事做实、做细、做好，科学制定专项救助方案，迅速组织人员深入村组（社区），深入困难群众家中了解情况，全面摸排困难群众基本情况，做到政策全覆盖，确保不漏户、不漏人、不留隐患，及时有针对性地给予困难群众医疗、教育、住房、就业等专项救助，做到精准识别、应救尽救。

第二，对基本生活陷入暂时困难的群众加强临时救助，做到凡困必帮、有难必救。根据困难情形，临时救助对象分为急难型救助对象、支出型救助对象、过渡型救助对象。急难型救助对象主要指因突发意外事件、重大疾病或遭遇其他特殊困难，造成家庭主要经济来源中断、财产重大损失、人员死亡或重大伤残，导致基本生活暂时出现严重困难，需要立即采取救助措施的家庭或个人。支出型救助对象主要指因教育、医疗等生活必需支出大幅增加暂时超出家庭承受能力，导致一定时间内家庭基本生活出现严重困难的家庭或个人。过渡型救助对象主要指符合申请低保、特困人员供养条件但申请尚未获得审批的困难群众。在申请尚未获得审批期间，可视情先给予其过渡性临时救助，及时缓解其基本生活困难。临时救助实行一事一救，对以同一事由重复申请临时救助的申请人，无正当理由的，不予救助；同一家庭或个人一个年度内享受临时救助不应超过两次；对同一困难情形、同一救助对象同时符合多种救助条件的，按“就高不就低”原则予以救助；救济时可采用发放临时救助金、发放实物和提供转介服务等方式予以救助。

第三，鼓励通过政府购买服务对社会救助家庭中生活不能自理的老年人、未成年人、残疾人等提供必要的访视、照料服务。一是创新政府购买服务的方式，委托第三方机构对申请救助对象进行入户核查，从客观公正的角度，对正在享受和申报的特困人员开展自理能力评估，并根据评估结果动态调整护理补贴。二是发展“物质＋服务”救助，通过政府购买服务为符合条件的建档立卡贫困对象、低保对象和分散供养特困人员开展助餐、助洁、助医、助娱、助聊等上门服务，做到救助帮扶“既有政策又有感情”。此外，指导有条件的县市区针对救助对象的需求，积极通过政府购买服务开展心理抚慰、家庭服务等。三是积极推进购买特困人员住院护理保险，解决特困人员住院护理保障问题，提升照料护理能力和供养管理水平，使各项惠民救助政策落到实处。

69 | 如何落实农村特困人员救助供养制度？

农村特困人员是指无劳动能力，无生活来源，无法定赡养、抚养、扶养义务人或者其法定义务人无履行义务能力的农村老年人、残疾人以及未满 16 周岁的未成年人。对农村特困人员进行救助供养是保障特困人员基本生活的重要举措，具有共享发展、保障和改善民生作用。为此，有必要落实好农村特困人员救助制度。

第一，准确认定农村特困供养对象。强化对农村特困人员准确认定的措施，给予特困人员救助供养。

第二，科学制定救助供养标准。特困人员救助供养标准包括基本生活标准和照料护理标准。基本生活标准应当满足特困人员基本生活所需，一般可参照上年度当地人均消费支出的一定比例确定，原则上不低于当地低保标准的1.3倍。照料护理标准应当根据特困人员生活自理能力和服务需求分档制定。

第三，严格申请、审核、审批程序。凡认为自身符合条件的农村居民，本人均可向户籍所在地的乡镇人民政府提出书面申请。乡镇人民政府是审核特困人员救助供养申请的责任主体。乡镇人民政府应当在村民委员会协助下，通过入户调查、邻里访问、信函索证、群众评议、信息核查等方式，对申请人的收入状况、财产状况、生活自理能力以及其他证明材料等进行调查核实，于20个工作日内提出初审意见，在申请人所在村公示后，报县级人民政府民政部门审批。县级人民政府民政部门应当全面审查乡镇人民政府上报的调查材料和审核意见，并随机抽查核实，于20个工作日内作出审批决定。

第四，落实管理责任。各部门应加强联动，切实履行各自职责，发挥好统筹协调作用，重点加强特困人员救助供养工作日常管理、能力建设，提升管理服务水平。

第五，强化资金保障。各乡镇人民政府要根据特困人员救助供养标准、供养人数等做好资金需求测算，将所需资金列入财政预算，确保资金及时足额到位。同时通过增加彩票公益金投入，鼓励社会捐助资金投入。

第六，合理选择供养方式，提高供养水平和服务质量。对于具备生活自理能力的农村特困人员，鼓励其在家分散供养；对于完全或部分丧失生活自理能力的特困人员，优先安排集中供养服务。同时，强化供养服务机构管理，为特困人员提供日常生活照料、送医治疗等服务，强化社会工作岗位开发设置，合理配备使用社会工作者。

70 如何加强基本生活陷入暂时困难群众的临时救助？

临时救助是我国社会救助体系的重要组成部分，它是对突发性、临时性等原因造成基本生活暂时困难的群众给予非定期、非定量救助的制度安排。为使基本生活陷入暂时困难的群众的临时救助得到有效加强，需要做到以下三点。

第一，扩大基本生活救助保障范围。对因突发性受伤、患病而丧失劳动能力的人员，经本人申请，参照“单人户”纳入低保。对无法外出务工、经营、就业，导致收入下降、基本生活出现困难的城乡居民，符合低保条件的，纳入低保。落实低保就业成本扣减、主动申请缓退等政策，积极促进有劳动能力和劳动条件的低保对象务工就业。依规发放价格临时补贴。加强对低保家庭、低收入家庭摸排走访，确保基本生活救助“不漏一户、不落一人”。

第二，确保急难临时救助提质增效。加大主动发现、主动救助力度，简化临时救助审核审批程序，采取“申请提供身份证明、急难情况说明—乡镇核实审批、按标准救助—事后补充说明”流程。简化临时救助备用金拨付手续。建立乡镇（街道）临时救助备用金制度，对急难型困难型群众、低保、特困、孤儿、低收入家庭等民政服务对象实行“先行救助”，及时解决困难群众遭遇的突发困难，做好“兜底保障，救急解难”。

第三，强化主体责任部门管理水平。加强组织领导，强化资金保障，及时了解、回应困难群众期盼和诉求，足额将救助金、社会福利补贴、价格临时补贴等发放到困难群众手中。优化工作流程，畅通社会救助服务热线，取消可通过政府部门间信息共享获取的证明材料。同时引导、鼓励社会力量参与，组织动员多方力量协助开展救助帮扶。

新形势下怎样完善城乡居民基本医疗保险参保个人缴费资助政策？

政府对参与城乡居民基本医疗保险的人员给予一定额度的保费补助，能够健全城乡低收入人口常态化帮扶机制。“十四五”时期，党中央、国务院提出，要继续完善城乡居民基本医疗保险参保个人缴费资助政策。

第一，继续全额资助农村特困人员。对于无劳动能力、无生活来源且无法定赡养、抚养、扶养义务人或其法定义务人无履行义务能力的五保对象（他们是现阶段最脆弱、最困难、最需要关注的特殊困难群体），政府将延续脱贫攻坚时期的资助政策，继续全额资助特困人员参加城乡居民基本医疗保险的个人缴费部分。

第二，定额资助低保对象。为减轻城乡居民最低生活保障对象经济负担，政府将对城乡低保对象参加基本医疗保险的个人缴费部分给予定额资助，以确保将其纳入基本医疗保险和大病保险保障范围。对于按照政策规定应纳入保费定额资助范畴的低保对象，要做好个人参保的动员工作，加强基本医疗保险的保费征缴力度，提高低保对象的参保意愿，可以由其先行全额缴纳参保费用，相关部门再将定额资助资金付予参保人，由此确保人费对照、及时参保、足额缴纳。

第三，过渡期内逐步调整脱贫人口资助政策。过渡期内，针对脱贫人口的资助政策要进行分类优化与调整，合理地把握调整力度、时限与节奏，注重增强脱贫的稳定性。在给予脱贫人口更多的后续帮扶与支持的基础上，应依据已脱贫家庭的经济基础与发展能力，调整以往的政策资助力度，分阶段、分时间地逐步退出资助政策，防止社会泛福利化倾向。一是对于脱贫不稳定且纳入相关部门农村低收入人口监测范围的，可根据实际情况享受一定期限的定额资助政策。定额资助标准由各省（自治区、直辖市）确定。二是对于乡村振兴部门认定的返贫致贫人口，过渡期内按规定享受资助参保政策。三是对于未纳入农村低收入人口监测范围的稳定脱贫人口，按标准退出，不再享受医疗救助资助参保政策。

72 | 如何夯实医疗救助托底保障制度？

作为基本医保、大病保险和医疗救助三重制度综合保障政策的一项重要内容，医疗救助保障制度在脱贫攻坚阶段有效降低了贫困群众医疗费用，发挥了补齐民生短板和兜底性保障的功能。在巩固拓展脱贫攻坚成果同乡村振兴有效衔接阶段，应进一步夯实医疗救助托底保障制度。

第一，合理设定年度救助限额。在年度医疗救助限额设定过程中，既要统筹提高年度救助总额，切实托底保障困难群众生活，又要避免发生医疗服务滥用、医疗资源浪费的情况。政府应根据当地社会经济发展状况、救助对象医疗总体费用、居民可支配收入和家庭可负担能力等因素，完善统一规范的医疗救助制度，明确救助费用保障范围，严格执行基本医保“三个目录”规定，合理设定医疗救助年度限额和救助水平，按规定做好分类救助，优化医疗救助的托底能力，确保所有困难群众均能够获得必需的医疗救助，建立防范和化解因病致贫返贫长效机制。同时，要统筹加大门诊慢特病救助保障，门诊和住院救助共用年度救助限额。

第二，合理控制救助对象政策范围内自付费用比例。医疗救助应按照保基本、兜底线、可持续的原则，与经济社会发展水平和救助对象可负担水平相适应，合理科学地对个人自付费用比例的控制指标进行测算。原则上年度救助限额内，特困人员、低保对象、返贫致贫人口政策范围内个人自付住院医疗费用救助比例可由各地按不低于70%的比例确定。其他农村低收入人口救助比例略低于低保对象。统筹加大门诊慢特病救助保障，门诊和住院救助共用年度救助限额。经三重制度支付后政策范围内个人负担仍然较重的，给予倾斜救助。同时，要重点加大医疗救助资金投入，注重向国家乡村振兴重点帮扶县倾斜。

73 如何分阶段、分对象、分类别调整脱贫攻坚期超常规医疗保障措施？

脱贫攻坚时期，我国在医疗保障领域采取了许多超常规的举措，在短期内快速推动了健康扶贫事业的发展，为完成脱贫攻坚目标任务作出了重要贡献。脱贫攻坚取得全面胜利后，这些超常规的医疗保障措施必须紧密结合全面乡村振兴战略进行分阶段、分对象、分类别调整，以促进健康扶贫事业稳步可持续发展。

第一，分阶段。脱贫攻坚期超常规医疗保障措施的调整不可操之过急、过猛，应合理把握调整的节奏、力度和时限。在规定的 5 年过渡期内，各地要结合脱贫县巩固拓展医疗保障脱贫攻坚成果情况，通过优化调整医保政策，健全防范化解因病返贫致贫长效机制，坚决治理医保扶贫领域过度保障政策，逐步实现由集中资源支持脱贫攻坚向统筹基本医保、大病保险、医疗救助三重制度常态化保障平稳过渡。

第二，分对象。首先，落实参保动员主体责任，做好分类资助参保工作，重点做好脱贫人口参保动员工作。其次，健全农村低收入人口参保台账，确保纳入资助参保范围且核准身份信息的特困人员、低保对象、返贫致贫人口动态纳入基本医疗保险覆盖范围。对已实现稳定就业的脱贫人口，引导其依法依规参加职工基本医疗保险。做好农村低收入人口参保和关系转移接续工作，跨区域参保关系转移接续以及非因个人原因停保断保的，原则上不设待遇享受等待期，确保待遇接续享受。

第三，分类别。要分类调整医疗保障扶贫倾斜政策，统筹发挥基本医疗保险、大病保险、医疗救助三重保障制度综合梯次减负功能。基本医疗保险实施公平普惠保障政策。在逐步提高大病保障水平基础上，大病保险继续对特困人员、低保对象和返贫致贫人口实施倾斜支付。进一步夯实医疗救助托底保障，合理控制救助对象政策范围内自付费用比例。

74 如何完善城乡居民基本养老保险费代缴政策？

开展城乡居民基本养老保险扶贫，是打赢脱贫攻坚战决策部署的重要举措，现阶段仍要将社保全覆盖作为底线工程来支撑，从以下两方面来完善城乡居民基本养老保险费缴费困难群体的兜底代缴政策。

第一，精准定位应保代缴对象，实施动态管理。开展城乡居民基本养老保险费代缴工作的首要任务就是精准定位应保人群，针对低保对象、特困人员、返贫致贫人口、重度残疾人等群体存在缴纳城乡居民基本养老保险费困难的情况，地方政府应结合当地实际，按照最低缴费档次为缴费困难群体代缴部分城乡居民养老保险费用，有条件的地方可以全额缴纳。在提高城乡居民养老保险缴费档次的同时，可以对上述类型困难群体与其他已脱贫人口保留现行的最低缴费档次。相关责任部门同时应实现信息共享，定期开展部门间的数据比对与信息交换，精准定位、明确缴费困难群众的基本情况，并对缴费困难群众逐一进行信息核实，确保应保代缴对象精准、进退有序、待遇公正，实施动态化管理。

第二，优化完善政府工作机制，确保政策落实。一方面，各相关责任部门应积极联动、通力合作，逐层抓落实，在工作推进开展过程中实现精确经办，形成省、市、县、乡、村五级齐抓共管的优良工作格局，为城乡居民基本养老保险费代缴工作提供坚强的政治保障。另一方面，在完善城乡居民基本养老保险费代缴政策的过程中，地方政府要加强组织领导、压实主体责任、强化督导政策的落实，始终坚持问题与目标导向、不断细化工作举措，进一步完善城乡居民基本养老保险费代缴政策、建立健全工作机制，不断攻坚克难、狠抓落实，做好缴费困难群众的兜底保障工作，确保困难群众应保尽保、应代尽代、应发尽发，全面实现贫困人口基本养老保险全覆盖。

75 如何强化县乡两级养老机构对失能、部分失能特困老年人口的兜底保障？

党中央、国务院历来高度重视特困人员的兜底保障工作，县乡两级养老机构在农村养老服务体系建设中发挥着支撑作用，承担着特困人员兜底保障的重要功能，需要不断地进行强化。

第一，加强特困供养机构工作人员队伍建设。县乡两级供养服务机构应根据服务对象的人数和照料护理需求，配备相应比例的工作人员。一方面，需要不断强化供养机构工作人员的队伍建设，逐步提升拥有较高职业技能水平的养老护理员比重，增加护理型服务人员的配备比例；另一方面，应该加快完善落实照料护理标准，做到照料护理费用规范支出，合理确定与落实工作人员薪酬待遇，并积极培育养老志愿者队伍。

第二，加强特困供养机构经费保障。针对县乡两级供养机构经费保障不足的情况，政府财政要保障相关供养经费落实到位，属于特困人员供养服务中的购买项目应合理进行设置，并纳入政府购买服务指导性目录当中，同时鼓励通过慈善捐赠等多种方式筹集资金做好特困供养机构建设工作，增强资金保障能力。

第三，提升特困供养机构运营管理水平。针对县乡两级特困供养机构运营管理滞后的问题，应推进特困人员供养服务机构进行社会化改革，鼓励提倡社会力量参与到特困人员供养服务机构的运营管理之中，要将提升现有县级供养机构的照护能力作为重点，强化失能、部分失能特困人员的兜底保障。在确保集中供养工作需求的前提下，县乡两级可以采取灵活方式，吸引社会资本参与供养服务机构建设。

76 | 如何加大对事实无人抚养儿童保障力度？

事实无人抚养儿童是指父母双方不能正常履行抚养和监护责任的儿童。通俗地讲，就是事实孤儿。脱贫攻坚以来，党中央、国务院高度重视儿童福利工作，坚持问题导向和目标导向，加大对事实无人抚养儿童的保障力度，出台了一系列的政策措施，重点聚焦以下六个方面。

第一，确保符合条件的事实无人抚养儿童应保尽保。一是扩大保障对象范围。将父母双方被撤销监护资格、被遣送（驱逐）出境；或者父母一方死亡或失踪，另一方被撤销监护资格、被遣送（驱逐）出境这两种情形，补充增加为认定事实无人抚养儿童的情形。二是精准认定失联情形。对于具备查询条件的可向儿童户籍所在地公安部门报警，申请查找失联父母，将登记受理超过 6 个月仍下落不明的，出具“儿童失联父母查找情况回执单”；对因不具备查询条件致使公安部门难以接警处置查找的，可通过“个人承诺 + 邻里证明 + 村（居）证实 + 乡镇人民政府（街道办事处）查验 + 县级民政部门确认”的方式予以认定；对于运用上述两种方式无法认定的其他复杂情形，可采取“一事一议”的方式，然后报经相关主体或部门研究确认。三是强化动态管理。地方民政部门要强化与公安、司法以及残联等部门工作对接，借助大数据进行比对；乡镇（街道）儿童督导员要指导村（居）儿童主任定期开展摸底排查，了解已经纳入保障的事实无人抚养儿童及其家庭动态情况；县民政部门要做好信息录入和更新，做好“添员”或“减员”处理。

第二，强化对事实无人抚养儿童的基本生活保障。针对事实无人抚养儿童生活比较困难的情况，明确对其发放基本的生活补贴，原则上确定补贴的标准要与各地孤儿保障标准相衔接，发放的方式应参照孤儿基本生活费用发放的办法来确定。中央财政比照孤儿基本生活保障资金测算方法，以困难群体救助资金的方式给予事实无人抚养儿童以适当的补助。

第三，强化对事实无人抚养儿童的医疗康复保障。针对事实无人抚养儿童在医疗康复方面处境困难的情况，国家有关政策明确，对符合相关条件的事实无人抚养儿童可以按照政策规定实施医疗救助，并且可以分类落实资助的参保政策。符合相关条件的事实无人抚养儿童同时享有重度残疾人护理补贴和康复救助等有关的资助政策。鉴于我国对一些重残、重病孤儿、事实无人抚养儿童的救助保障范畴和保障水准仍较为有限，需要政府、社会、家庭多个方面进行综合发力。

第四，完善对事实无人抚养儿童的教育资助保障。针对事实无人抚养儿童在受教育方面可能会遇到的种种困难，国家政策明确要参照孤儿标准将事实无人抚养儿童纳入教育资助的范畴，享有与之相应的政策待遇。与此同时，将事实无人抚养儿童优先纳入国家资助政策体系与教育的帮扶体系当中，落实助学金、减免学费的政策，处于义务教育阶段的事实无人抚养儿童还可以列为享受住宿费免除的优先对象。

第五，督促对落实事实无人抚养儿童的监护责任。依法打击故意、恶意不履行对儿童监护责任的各类侵害儿童合法权益的违法犯罪行为。将存在恶意弃养情形或者采取虚报、隐瞒、伪造等手段骗取保障资金、物资或服务的父母及其他监护人失信行为，纳入全国信用信息共享平台，实施失信联合惩戒。对于有能力履行抚养义务而拒不抚养的父母，民政部门可依法追索抚养费。同时，加强监护指导、兜底监护以及儿童福利机构、未成年人救助保护机构建设工作。

第六，优化对事实无人抚养儿童的关爱服务机制。完善对权益受侵害的事实无人抚养儿童的法律援助机制，强化法律援助工作。充分发挥相关服务机构的平台作用，提供政策咨询、康复、特教、养护、临时照料等关爱服务保障。加强家庭探访与精神关爱，协助提供监护指导、复学、户籍等服务，积极发挥群团组织与社会组织的关爱服务作用。

77 | 如何加强残疾人托养照护、康复服务？

党的十九届五中全会明确提出，要健全残疾人关爱服务体系和设施，完善帮扶残疾人的社会福利制度。我们要更加准确地把握好残疾人事业高质量发展的要义，将满足残疾人的需求视作出发点和落脚点，将残疾人基本生活和基本服务问题的解决视为工作重点，加大制度、服务和产品三方面供给。具体来说，应该从以下四个方面着手。

第一，加强残疾人托养照护对象的精准识别与保障。党中央、国务院明确提出着力解决贫困重度残疾人托养照护问题，将16周岁以上，有长期照护需求的贫困重度残疾人，纳入特困人员救助供养范围，保障的范畴包括老残一体家庭、一户多残家庭、监护人重病家庭、城乡最低生活保障家庭的重度残疾人。不符合救助供养条件的残疾人，地方政府应该通过财政补贴、购买服务、设立公益岗位、集中托养等方式，为其提供集中照料、日间照料或者邻里照护服务。

第二，完善强化多部门联动工作机制。城乡重度残疾人的托养照护问题牵涉民政、残联、人社、卫健、财政、农业农村等众多部门，该问题的运作需要统筹协调诸多的事项，往往会超出单部门的职能范围，需要政府在更高的层面进行统筹规划，完善强化多部门的联动合作工作机制，通过项目验收考核等方式，逐步稳妥地推进问题的解决与落实，切实改善重度残疾人生活照护困境。

第三，建立多主体照护服务体系。解决城乡困难残疾人照护问题，需要积极发挥多方作用，建立包括残疾人、家庭、社会、政府等多方紧密协作参与的支持矩阵，根据城乡实际可使用照护力量的情况，建立以家庭照护为主要基础、社会性照护为支持、政府集中照护为兜底补充的照护服务体系。

第四，完善服务机构设施建设与康复辅具器具保障。一方面，要加强贫困残疾人集中托养照护机构的设施建设，兜底保障型敬老院与社会福利机构应满足残疾人托养照护服务需求，添置或改造无障碍设施，配置必要的资源，开展更高质量的照护服务。另一方面，要着力促进康复辅具器具产业发展，建立健全残疾人康复辅具器具的支付保障体系，融合福利、保险、救助、慈善多方面残疾人保障制度，重点推动建立基本型康复辅具器具的补贴制度，重点推动基本治疗型康复辅具器具纳入基本医疗保险的制度，努力推动残疾人康复辅具器具的推广应用和服务配置。

第五篇

着力提升脱贫地区整体发展水平

- 支持乡村振兴重点帮扶县
- 坚持和完善东西部协作制度
- 坚持和完善定点帮扶机制
- 完善企业、社会组织参与帮扶体制机制

78 在西部地区脱贫县中设立乡村振兴重点帮扶县的背景是什么？

脱贫攻坚目标任务虽然已经完成，但脱贫地区仍处于社会发展的“锅底”。伴随“三农”工作重心历史性地转向全面推进乡村振兴，在西部地区脱贫县中设立乡村振兴重点帮扶县，给予倾斜支持，着力提升其整体发展水平。

第一，脱贫攻坚目标任务已经完成。2020 年底，我国脱贫攻坚战取得了全面胜利，现行标准下 9899 万农村贫困人口全部脱贫，832 个贫困县全部摘帽，12.8 万个贫困村全部出列，区域性整体贫困得到解决。脱贫攻坚战的全面胜利，标志着党和政府在团结带领人民创造美好生活、实现共同富裕的道路上迈出了坚实的一大步。

第二，区域发展仍然不平衡不充分。虽然我国脱贫攻坚战取得了全面胜利，但区域发展仍然存在不平衡不充分的问题。贫困县脱贫摘帽以后，整体发展水平仍然较低，自我发展能力仍然偏弱。因此，脱贫摘帽不是终点，而是新生活、新奋斗的起点，解决区域发展不平衡不充分问题、实现人的全面发展和全体人民共同富裕仍然任重道远。

第三，脱贫县开始全面推进乡村振兴。脱贫攻坚目标任务完成以后，脱贫县同全国一道，开始将“三农”工作重心转向全面推进乡村振兴。西部地区低收入人口较多，集中了大部分脱贫县，且脱贫摘帽时间较晚，发展水平较低，缺乏自我帮扶能力。按照应减尽减原则，在西部地区处于边远或高海拔、自然环境相对恶劣、经济发展基础薄弱、社会事业发展相对滞后的脱贫县中，确定一批国家乡村振兴重点帮扶县，从财政、金融、土地、人才、基础设施建设、公共服务等方面给予集中支持，增强其区域发展能力。

79 乡村振兴重点帮扶县最需要帮扶的是哪些方面？

对于脱贫地区，要作为乡村振兴帮扶重点加大支持力度，一个重要举措就是在西部地区脱贫县中集中支持一批乡村振兴重点帮扶县，着力增强其巩固脱贫成果及内生发展能力。

第一，巩固脱贫攻坚成果。一是补齐“两不愁三保障”的弱项短板。强调落实行业主管部门工作责任，健全控辍保学工作机制，加大医疗救助资金投入，防范因病返贫致贫风险，建立农村脱贫人口住房安全动态监测机制，推进脱贫地区水利基础设施提档升级。二是要健全防止返贫监测和帮扶机制。对脱贫不稳定户、边缘易致贫户开展常态化监测预警，建立健全快速发现和响应机制，及时纳入帮扶政策范围。三是做好易地扶贫搬迁后续帮扶工作。加强就业产业扶持和后续配套设施建设，积极引进适合当地群众就业需求的劳动密集型、生态友好型项目，扩大当地就业机会。四是加强扶贫项目资金资产管理和监督。确保公益性资产持续发挥作用、经营性资产不流失或被侵占。五是推动特色产业可持续发展。注重扶贫产业长期培育，扩大支持对象，延长产业链条，抓好产销衔接。探索实行农技推广人员“县管乡用、下沉到村”新机制。

第二，增强内生发展能力。一是支持乡村特色产业发展壮大。注重产业后续长期培育，拓展产业增值增效空间，创造更多就业增收机会，提高产业市场竞争力和抗风险能力。二是促进脱贫人口稳定就业。搭建用工信息平台，培育区域劳务品牌，加大脱贫人口有组织劳务输出力度。支持在农村人居环境、小型水利、乡村道路、农田整治、水土保持、产业园区、林业草原基础设施等涉农项目建设和管护时广泛采取以工代赈方式。三是持续改善基础设施条件。继续加大对基础设施建设的支持力度，重点谋划建设一批高速公路、客货共线铁路、水利、电力、机场、通信网络等区域性和跨区域重大基础设施建设工程。四是进一步提升公共服务水平。继续改善义务教育办学条件，加强乡村寄宿制学校和乡村小规模学校建设。保持现有健康帮扶政策基本稳定，完善大病专项救治政策，优化高血压等主要慢病签约服务。逐步建立农村低收入人口住房安全保障长效机制。

80 如何做好对乡村振兴重点帮扶县的服务保障工作？

做好乡村振兴重点帮扶县的保障工作，支持重点帮扶县加快推进乡村全面振兴，需要做好以下三个方面。

第一，切实提供政治保障。各级党委和政府要增强政治担当、责任担当和行动自觉，层层传导压力、层层压实责任。充分发挥中央和地方各级党委农村工作领导小组作用，建立统一高效的决策议事协调工作机制。加强乡村振兴重点帮扶县的乡镇领导班子建设，针对性地选配政治素质高、工作能力强、熟悉“三农”工作的干部担任乡镇党政主要领导。继续抓好以村党组织为领导核心的村级组织配套建设，发挥村党组织的创造力、凝聚力、战斗力。继续选派驻村第一书记和帮扶工作队，健全常态化驻村工作机制。

第二，强化财政支持力度。发挥政府投入的主体和主导作用，确保政府财政投入与国家乡村振兴重点帮扶县的工作任务相适应。一是在保留并调整优化原财政专项扶贫资金的基础上，聚焦支持脱贫地区巩固拓展脱贫攻坚成果和乡村振兴的同时，适当向国家乡村振兴重点帮扶县倾斜。二是继续支持国家乡村振兴重点帮扶县实行涉农资金统筹整合试点政策，探索建立涉农资金整合长效机制。三是加强财政监督检查和审计、稽查等工作，对于虚报冒领、截留私分、贪污挪用、挥霍浪费等违法违规行为，坚决从严惩处。

第三，完善考核监督机制。针对国家乡村振兴重点帮扶县开展考核时，要把巩固拓展脱贫攻坚成果纳入市县党政领导班子和领导干部推进乡村振兴战略实绩考核范围。与高质量发展综合绩效评价做好衔接，科学设置考核指标，切实减轻基层负担。强化考核结果运用，将考核结果作为干部选拔任用、评先奖优、问责追责的重要参考。完善监督机制，定期组织督查巡查，纪检监察机关和审计部门按照职能开展监督工作。充分发挥人大、政协、民主党派监督作用。

81 东西部协作的发展历程是怎样的？

东西部扶贫协作制度孕育并形成于我国改革开放的历史进程中，并随着实践的发展而不断调整和完善。

1994年，国务院颁布实施《国家八七扶贫攻坚计划》，提出“北京、天津、上海等大城市，广东、江苏、浙江、山东、辽宁、福建等沿海较为发达的省，都要对口帮助西部的一两个贫困省、区发展经济”。1996年，国务院办公厅转发国务院扶贫开发领导小组《关于组织经济比较发达地区与经济欠发达地区开展扶贫协作的报告》，明确提出了扶贫协作要求和任务，确定了对口帮扶关系：北京帮内蒙古，天津帮甘肃，上海帮云南，广东帮广西，江苏帮陕西，浙江帮四川，山东帮新疆，辽宁帮青海，福建帮宁夏，深圳、青岛、大连、宁波四个计划单列市帮贵州。

进入21世纪，国务院先后三次对其进行了调整。第一次是在2002年，由珠海市、厦门市对口帮扶新成立的直辖市——重庆市。第二次是在2010年，为避免与对口援疆工作重叠，山东由帮扶新疆调整为帮扶重庆，原帮扶重庆的厦门和珠海分别调整为帮扶甘肃临夏回族自治州和四川凉山彝族自治州。2013 年，国务院办公厅印发《关于开展对口帮扶贵州工作的指导意见》，在原有深圳、青岛、大连、宁波四市帮扶贵州基础上，新增上海、苏州、杭州、广州四市帮扶贵州，实现了东部八市“一对一”对口帮扶贵州八个市（州）。第三次是在 2016 年，中共中央办公厅、国务院办公厅印发《关于进一步加强东西部扶贫协作工作的指导意见》，对原有结对关系进行适当调整完善，实现了对 30 个民族自治州结对帮扶的全覆盖，加强了云南、四川、甘肃、青海等重点贫困市（州）的帮扶力量，调整了辽宁、上海、天津的帮扶任务，落实了京津冀协同发展中“扶持贫困地区发展”的任务。与此同时，还从开展产业合作、组织劳务协作、加强人才支援、加大资金支持、动员社会参与五个方面，明确了东西部扶贫协作的主要任务。

在全面推进乡村振兴的新阶段，需要继续坚持东西部协作，发挥东西部协作的重要作用。

82　为何要继续坚持东西部协作？

东西部协作是推动区域协调发展、协同发展、共同发展，缩小发展差距，实现共同富裕的重要举措，是加快构建以国内大循环为主体、国内国际双循环相互促进的新发展格局的重要平台，是全面推进乡村振兴和巩固拓展脱贫攻坚成果的重要途径，是实现东西部产业互补、人员互动、技术互学、观念互通、作风互鉴的重要方式，必须长期坚持下去。

一是从巩固拓展脱贫攻坚成果的形势看，西部地区仍然需要实施协作帮扶。脱贫攻坚任务全面完成后，虽然西部脱贫地区的经济社会发展上了新台阶，但总体发展水平仍然相对滞后，脱贫基础比较脆弱。一些地方脱贫人口规模大、占比高，抵御风险、防范返贫的能力不强。脱贫产业虽然搞了起来，但不少布局散、链条短、销售难，技术、资金、人才、市场等支撑还不强，脱贫群众稳定增收的保障还不够有力。还有的地方自然环境恶劣、灾害频发，因灾返贫致贫的风险比较突出。总体而言，西部地区在防止规模性返贫上，任务重、隐患多、挑战大，依然还需要借助脱贫攻坚期形成的一些机制和办法，持续进行帮扶。

二是从全面推进乡村振兴的要求看，西部地区仍然需要实施协作帮扶。脱贫攻坚任务结束后，国家在西部10省（区）确定了160个国家乡村振兴重点帮扶县。即便与西部平均水平相比，这些县的基础设施和公共服务也还有较大差距，社会事业发展普遍滞后。还有一些脱贫地区社会发育滞后，脱贫群众自我发展的内生动力和增收能力仍然不足。这些地区要实现乡村全面振兴，单靠自身的力量是远远不够的，还迫切需要各方守望相助，倾力支持。它们也是推进乡村振兴的短板弱项和重点难点地区。

三是从推动区域协调发展的大局看，西部地区仍然需要实施协作帮扶。当前，我国发展不平衡不充分问题，一个突出表现就是东西发展差距大。2020 年，西部 10 省（区）的人均国内生产总值为 5.6 万元，只相当于东部 8 省 10.6 万元的 52.8%。东部地区经过改革开放 40 多年的快速发展，基础设施、公共服务和经济实力都得到大幅提升，客观上已经具备了落实“两个大局”战略构想、先富帮后富的现实条件。解决发展不平衡不充分问题、推动区域协调发展，需要进一步深化东西部协作，通过全方位、多层次的交流互鉴、帮扶合作，促进共建共享、共同富裕。

83 | 如何完善东西部协作？

新一轮东西部协作要认真贯彻习近平总书记重要指示精神，全面落实党中央、国务院决策部署，适应“三农”工作重心历史性转向全面推进乡村振兴，把工作对象转向所有农民、把工作任务转向推进乡村“五大振兴”、把工作举措转向促进发展。帮扶方式上，由原来的帮助脱贫变为促进当地经济发展，由给钱给物为主转为引进企业、项目和引导产业转移为主。帮扶重点上，加大对国家乡村振兴重点帮扶县和易地扶贫搬迁集中安置区的支持力度。帮扶方向上，要聚焦“三抓三促”（抓帮扶、促巩固脱贫成果，抓示范、促乡村振兴，抓合作、促区域发展），推动东西部协作谱新篇、上台阶。

一是围绕脱贫县加快发展，加大产业转移和项目引进力度。协作双方要把抓项目摆在更加突出位置，东部省（市）要积极推动产业向西部转移，促进转移企业和项目实现数量、质量双提升。西部省（区、市）要抢抓发展机遇，选准切入点和突破口，强化配套建设，搞好协调服务，推动项目落实落地和产业转型升级。

二是围绕脱贫人口持续增收，强化就业和产业帮扶。协作双方要进一步强化就业产业作为群众增收主渠道作用，加强技能培训和劳务输转，多措并举拓宽就业渠道，想方设法实现脱贫劳动力稳岗就业。统筹用好各类帮扶资金，完善帮扶产业联农带农机制，带动脱贫群众通过产业实现增收。

三是围绕乡村建设和乡村治理，推进乡村全面振兴。协作双方要着眼于逐步使农村基本具备现代生活条件，帮助脱贫地区加快补齐基础设施和公共服务短板弱项。加强和改进乡村治理，帮助脱贫地区健全县乡村三级治理体系功能。改善农民精神风貌，帮助脱贫地区加强农村精神文明建设。推进脱贫地区乡村振兴全面展开，在县、乡、村打造一批乡村振兴示范典型，发挥示范引领作用，抓点带面有序推进。

四是围绕促进可持续发展，深化干部交流和人才培养。协作双方要继续把提高干部人才能力作为重要抓手，组织东部干部到西部帮发展、促振兴、受锻炼，组织西部干部到东部开眼界、学理念、强本领。推动科技特派团、教育医疗人才“组团式”帮扶，在国家乡村振兴重点帮扶县不断取得新成效，推动产业顾问在其他脱贫县发挥更大作用，为脱贫地区接续发展增添力量。

84　定点帮扶的发展历程是怎样的？

中央单位定点扶贫是中国特色扶贫开发事业的重要组成部分，是我国政治优势和制度优势的生动体现。从 1986 年开始至今，已历时 37 年，现有 305 家中央单位定点帮扶全国592个脱贫县。30多年来中央单位参与定点帮扶，为推动贫困地区加快发展发挥了重要作用，并随着实践的发展而不断调整和完善。

1986年，国务院正式启动国家机关定点扶贫工作，一些部委自发地在全国18个连片贫困地区选择一个联系点开展扶贫工作。1990年，国务院批转国务院贫困地区经济开发领导小组《关于九十年代进一步加强扶贫开发工作请示的通知》，强调继续动员国家机关和社会各界积极开展扶贫济困活动。明确提出每个部门要重点联系一个贫困地区帮助脱贫致富，并作为一项制度长期坚持下去，不脱贫、不脱钩。此后，定点扶贫作为一项长期制度坚持下来。1994年、2010年，中共中央办公厅、国务院办公厅两次印发关于做好定点扶贫工作的通知，进一步明确工作任务和要求。2012年，国务院扶贫办、中组部等8部门联合印发《关于做好新一轮中央、国家机关和有关单位定点扶贫工作的通知》，参与定点扶贫的中央和国家机关等单位达到310个，首次实现定点扶贫对全国592个国家扶贫开发工作重点县的全覆盖。2015年，国务院扶贫办会同中组部等8个牵头部门，按照"同一类单位定点扶贫任务相对均衡、分类考核"的总体原则，对定点扶贫结对关系进行了局部调整。调整后，参与定点扶贫的中央、国家机关和有关单位共320个，帮扶全国592个国家扶贫开发工作重点县。军队和武警部队继续推进与贫困县、乡镇、村的定点帮扶工作。

脱贫攻坚期间，中共中央办公厅、国务院办公厅印发《关于进一步加强中央单位定点扶贫工作的指导意见》，要求中央定点帮扶单位要聚焦脱贫攻坚，开展精准帮扶，并从2017年开始建立考评机制，连续四年对中央单位定点帮扶工作成效开展考核评价。

打赢脱贫攻坚战、全面建成小康社会后，中共中央、国务院印发《关于实现巩固拓展脱贫攻坚成果同乡村振兴有效衔接的意见》，提出继续坚持定点帮扶机制，定期对定点帮扶成效进行考核评价。2021年，中共中央办公厅、国务院办公厅印发《关于坚持做好中央单位定点帮扶工作的意见》，明确新阶段做好定点帮扶工作的主要任务和工作要求，强调要稳定结对关系、完善牵头机制，优化考核评价。

85 | 为何要继续坚持定点帮扶制度?

中央单位开展定点帮扶是中国共产党领导和我国社会主义制度政治优势的生动体现，是中央单位转变作风、锻炼干部、坚持群众路线、密切同人民群众联系的途径方法。脱贫攻坚期间，中央单位坚决扛起政治责任，各展所长、各尽其能，帮扶力度前所未有，取得显著帮扶成效。

2021年4月，习近平总书记专门就深化东西部协作和定点帮扶工作作出重要指示，为坚持做好新阶段定点帮扶工作提供根本遵循。在新发展阶段，有必要坚持做好这项工作。

第一，坚持做好中央单位定点帮扶工作是加强政治机关建设的需要。巩固拓展脱贫攻坚成果、全面推进乡村振兴是习近平总书记亲自部署的重大政治任务，是“十四五”时期经济社会发展的主要目标之一。中央单位坚持做好定点帮扶，是落实党中央决策部署的重要举措，是践行“两个维护”的实际行动，对地方和全社会具有鲜明的示范引领作用。

第二，坚持做好中央单位定点帮扶工作是全面推进乡村振兴战略的需要。全面推进乡村振兴的深度、广度、难度都不亚于脱贫攻坚，需要汇聚全党全社会的力量来共同强力推进。中央单位要充分发挥协调能力强，政策信息、技术人才等资源富集的优势，在推进定点帮扶县乡村振兴方面继续带好头、作表率，发挥排头兵作用，作出新贡献。

第三，坚持做好中央单位定点帮扶工作是巩固拓展脱贫攻坚成果的需要。脱贫攻坚取得胜利后，仍要清醒地认识到，有些地方脱贫成果仍然脆弱，脱贫人口自我发展能力有待加强，脱贫地区发展基础仍然薄弱，巩固拓展脱贫攻坚成果任务依然艰巨。中央单位应继续从政策、资金、人才、信息、技术等方面对定点帮扶县进行支持，防止工作出现空档、政策出现空白，防止出现规模性返贫致贫，创新帮扶内容和方式，切实巩固拓展脱贫攻坚成果。

86 | 如何完善定点帮扶机制？

在全面推进乡村振兴阶段，面临新形势新任务新要求，定点帮扶工作要适应形势任务变化，着力从以下三个方面进行优化完善。

第一，坚持深化定点帮扶工作机制。中央单位对照帮扶任务，聚焦国家乡村振兴重点帮扶县和易地扶贫搬迁集中安置点加大倾斜支持力度，助力定点帮扶县巩固拓展脱贫攻坚成果。围绕乡村发展、乡村建设和乡村治理等重点工作，帮助定点帮扶县培育提升特色主导产业，扩大就业，增强脱贫地区和脱贫群众内生发展动力，推进宜居宜业和美乡村建设。牵头部门继续发挥牵头机制作用，加强工作指导，强化工作调度，帮助中央单位解决工作中存在的困难和问题，确保年度帮扶任务全面完成。

第二，调整优化定点帮扶结对关系。统筹考虑中央单位实力及定点帮扶县需求等因素，安排有能力的部门、单位和企业承担更多责任，进一步发挥中央单位优势资源，助力巩固拓展脱贫攻坚成果、全面推进乡村振兴。

第三，完善考核评价机制。发挥考核“指挥棒”作用，激励先进、鞭策后进，进一步压实中央单位帮扶责任，在帮助定点帮扶县巩固拓展脱贫攻坚成果、全面推进乡村振兴方面继续带好头、做表率。

87 什么是“万企帮万村”行动？

“万企帮万村”行动孕育并形成于我国脱贫攻坚的历史进程中，并随着实践的发展而不断完善。

2015 年 9 月，全国工商联、国务院扶贫办、中国光彩会共同印发《“万企帮万村”精准扶贫行动方案》，引导广大民营企业积极投身精准扶贫。同年 10 月，全国工商联、国务院扶贫办、中国光彩会在北京正式启动“万企帮万村”行动。“万企帮万村”行动是以民营企业为帮扶方，以建档立卡的贫困村、贫困户为帮扶对象，以签约结对、村企共建为主要形式，力争用三到五年时间，动员全国一万家以上民营企业参与，帮助一万个以上贫困村加快脱贫进程，为促进非公有制经济健康发展和非公有制经济人士健康成长、打好脱贫攻坚战、全面建成小康社会贡献力量。

2016 年 1 月，全国工商联、国务院扶贫办、中国光彩会印发《关于推进“万企帮万村”精准扶贫行动的实施意见》，明确了“万企帮万村”行动的基本要求、帮扶方式、工作措施等内容，以此确保“万企帮万村”行动取得实效。

2015 年至 2020 年底，“万企帮万村”行动累计组织动员 12.7 万家民营企业，精准帮扶 13.91 万个村（其中贫困村 7.32 万个），共带动和惠及 1803.85 万贫困人口，取得了良好的经济、政治和社会效益。在全面推进乡村振兴的新阶段，需要继续坚持“万企帮万村”行动，发挥民营企业的重要作用。

88 | 为何要转向“万企兴万村”行动？

“万企帮万村”行动为打赢脱贫攻坚战作出了重要贡献，为全面推进乡村振兴奠定了基础。打赢脱贫攻坚战后，“三农”工作重心历史性转向全面推进乡村振兴。从“万企帮万村”行动转向“万企兴万村”行动，是巩固拓展脱贫攻坚成果的需要，也是全面推进乡村振兴的需要。

第一，是巩固拓展“万企帮万村”成果和巩固拓展脱贫攻坚成果的重要举措。要立足当前，着眼长远，下大力气支持服务“万企帮万村”产业帮扶项目行稳致远，做优项目，做强企业，拓展帮扶成果。要继续引导帮扶企业与农民建立合作关系，筑牢村企合作共赢的长效机制。要鼓励合作经营好的企业扩大规模，引导规模经营企业帮助更多村并推进一二三产业融合发展，接续开展“万企兴万村”行动，探索促进村庄发展的长效机制。

第二，是深入贯彻落实习近平总书记关于乡村振兴重要指示精神和党中央关于乡村振兴决策部署的重要行动。启动“万企兴万村”行动，组织动员广大民营企业助力乡村振兴，为实现第二个百年奋斗目标接续努力、再立新功，生动体现了中国共产党领导和我国社会主义制度的政治优势。

第三，是全国民营企业参与乡村振兴统一的工作品牌。“万企兴万村”行动充分发挥民营企业家熟乡情、重亲情，懂管理、善经营，有实力、讲信誉，受尊重、乐奉献等优势特点，引导民营企业继续弘扬“义利兼顾、以义为先”光彩理念，积极到乡（民族乡、镇）、村（含行政村、自然村）

等投资兴业，支持举办各项社会事业，以产业振兴为重要基础，全面推进乡村产业、人才、文化、生态、组织振兴，加快农业农村现代化步伐，促进农业高质高效、乡村宜居宜业、农民富裕富足。

89 | 社会组织参与乡村振兴有哪些特点？

相较于其他参与主体而言，社会组织参与乡村振兴的特点可以从以下两个方面加以概括。

第一，专业性。社会组织的发展日趋专业化，组织成员大多具有一技之长，可以根据自身专业或特点参与乡村振兴。从实践来看，社会组织主要依据自身的特点和优势确立参与领域和参与方式，为目标农户，特别是低收入群体链接发展资源的同时，还可以通过专业优势引导目标农户积极参与到乡村振兴实践中，增强其内生发展能力。

第二，灵活性。社会组织规模通常较小，实行扁平化管理，工作方式、工作内容灵活多样，能够为目标人群提供物质帮扶、心理健康、政策咨询等多方面、个性化服务。社会组织决策过程相对简单，运作起来更加灵活，能够根据目标人群的实际需求及其变动及时确定和调整自己的帮扶战略、策略、计划、方式以及应采取的各种措施。

90 | 社会组织如何参与乡村振兴？

参与乡村振兴，既是社会组织的重要责任，又是社会组织服务国家、服务社会、服务群众、服务行业的重要体现，更是社会组织实干成长、实现高质量发展的重要途径和广阔舞台。

第一，深入开展社会组织助力乡村振兴专项行动。围绕产业发展、人才培育、特殊群体关爱、乡村治理等领域重点任务落实，深入开展国家乡村振兴重点帮扶县结对帮扶行动、打造社会组织助力乡村振兴公益品牌行动和社会组织乡村行活动。以开展专项行动为载体，进一步整合社会资源、挖掘社会组织潜力，形成社会组织参与乡村振兴的共同意愿与行动。通过开展专项行动，启动一批社会组织帮扶合作重点项目，打造一批社会组织助力乡村振兴服务的特色品牌，推广一批社会组织参与乡村振兴和对口帮扶的典型案例，在全国范围内形成示范带动作用。

第二，加快建设社会组织参与乡村振兴对接平台。省级民政部门会同同级乡村振兴部门利用政务服务网，建设集中统一、开放共享的社会组织参与乡村振兴互联网服务平台。通过统一平台，及时发布本省和帮扶地区乡村振兴规划、政策、项目等信息，提高社会组织参与乡村振兴供需对接成功率。省级民政部门会同同级乡村振兴部门，通过政府购买服务等方式，在强化网络安全保障的基础上，鼓励社会力量参与平台建设、加强共享合作，充分利用信息技术提高平台服务的可及性和便利性。通过定期组织项目对接会、公益博览会、现场考察调研、慈善展览会等多种形式，促成社会组织资源供给与帮扶地区需求精准、有效对接。

第三，认真做好社会组织参与乡村振兴项目库建设。相关部门加大投入力度，建设社会组织参与乡村振兴的项目库，推动帮扶工作靶向化、精准化、智能化发展。县级乡村振兴部门要坚持需求导向，组织本地社会组织重点面向现行政策保障不到位的困难群众和地方，加强摸底、走访、调研、筛选，通过“问需于民”“问计于社会组织”等方式，建成便于社会组织参与、聚焦困难群众关切、“输血”与“造血”相结合的需求项目库。民政部门要不断优化社会组织项目资源供给，通过加大宣传动员、举办展览展示、组织公益创投大赛、开展实地考察等方式，组织本地社会组织提出项目方案，建立健全便于困难群众“点单”和本地社会组织“接单”，多层次、多领域、有重点的社会组织参与乡村振兴供给项目库。省级民政部门、乡村振兴部门要统筹好本省社会组织参与乡村振兴项目库建设和共享推送工作，推动资源、项目、人才向基层倾斜、向欠发达地区倾斜、向困难群众倾斜。有条件的地方可探索将区块链技术与精准帮扶数据相结合，通过“区块链＋帮扶”方式助推精准帮扶优化升级。

第六篇

全面加强党的集中统一领导

· 做好领导体制衔接

· 做好工作体系衔接

· 做好考核机制衔接

· 加强农村精神文明建设

91 如何理解健全中央统筹、省负总责、市县乡抓落实乡村振兴工作机制？

乡村振兴是对脱贫攻坚成果的巩固和深化，必须采取更有力的举措，汇聚更强大的力量，健全中央统筹、省负总责、市县乡抓落实的农村工作领导体制，将脱贫攻坚工作中形成的工作机制，根据实际需要运用到推进乡村振兴中，建立健全上下贯通、精准施策、一抓到底的乡村振兴工作体系。

一是党中央、国务院主要负责统筹制定大政方针，出台重大政策举措，完善体制机制，规划重大工程项目，协调全局性重大问题、全国性共性问题。有关中央和国家机关按照工作职责，制定配套政策并组织实施。中央纪委机关则进行监督执纪问责，最高人民检察院对职务犯罪进行集中整治和预防，审计署对政策落实和资金重点项目进行跟踪审计。

二是省级党委和政府对本地区负总责，并确保责任制层层落实。全面贯彻党中央、国务院关于巩固拓展脱贫攻坚成果同乡村振兴有效衔接的大政方针和决策部署，结合本地区实际制定政策措施，根据目标任务制定省级规划和年度计划并组织实施。省级党委和政府主要负责人向中央签署责任书，每年向中央报告进展情况。

三是市级党委和政府承担巩固拓展脱贫攻坚成果同乡村振兴有效衔接的主体责任，优化配置各类资源要素，组织落实各项政策措施，制定落实相关指导意见并监督实施，保证巩固工作的真实性、有效性，强化农村基层党组织建设，选优配强和稳定基层干部队伍。

92 如何发挥好中央和地方各级党委农村工作领导小组作用？

完善党领导农村工作的体制机制，是强化各级党委对农村工作领导责任、把党管农村要求落到实处的根本举措。构建责任清晰、各负其责、执行有力的乡村振兴领导体制，充分发挥中央和地方各级党委农村工作领导小组作用，建立统一高效的实现巩固拓展脱贫攻坚成果同乡村振兴有效衔接的决策议事协调工作机制。

第一，明确党中央和省市县级党委领导农村工作的主要任务。党中央全面领导农村工作，决定农村工作的大政方针、重大战略、重大改革，制定出台中央指导农村工作的文件。地方农村工作领导小组既要不折不扣地贯彻落实中央以及上级党委关于农村工作的要求和决策部署，抓好重点任务分工、重大项目实施、重要资源配置等工作，也要结合本地区实际，制定具体的工作措施。

第二，构建职责清晰、分工负责、合力推进的责任体系。各地要围绕“五大振兴”目标任务，设立由党委和政府负责同志领导的专项小组或工作专班，建立落实台账，压实工作责任，建立从中央到地方，相互衔接，环环相扣的责任体系，把党的领导落实到“三农”工作各个方面、各个层级、各个环节，形成党领导“三农”工作的强大合力。

第三，加强党委农村工作领导小组办公室机构设置和人员配置。加强各级党委农村工作部门建设，做好机构设置和人员配置工作。党中央设立中央农村工作领导小组，发挥农村工作牵头抓总、统筹协调等作用，对党中央负责，向党中央和总书记请示报告工作。县级以上地方党委也应当设立农村工作领导小组，履行决策参谋、统筹协调、政策指导、推动落实、督导检查等职能。

93 | 如何加强党的农村基层组织建设？

办好农村的事，实现乡村振兴，关键在党。全国128万个农村基层党组织、3500万名农村党员，构成了团结带领亿万农民创造美好幸福生活的强大组织力。推动巩固拓展脱贫攻坚成果同乡村振兴有效衔接，必须充分发挥农村基层党组织领导作用。

一是筑牢支部底子。基层党组织是贯彻落实党中央决策部署的“最后一公里”，不能出现“断头路”。加强村党组织规范化、标准化建设，坚持支部建在村上，夯实基层党组织基础，扎实推进党支部“五化”建设。重点整治软弱涣散农村党组织，切实提高农村基层党组织的凝聚力和组织力。

二是配齐干部班子。有序开展乡镇、村集中换届，选优配强乡镇领导班子、村“两委”成员特别是村党组织书记。在有条件的地方积极推行村党组织书记通过法定程序担任村民委员会主任，因地制宜、不搞“一刀切”。建立选派第一书记长效机制，加强村级后备干部力量培养，储备一支德才兼备的基层党员干部队伍。

三是搭好服务台子。在脱贫攻坚和乡村振兴的转型接续期，要推动农村基层党组织在重大任务中发挥作用，充分调动基层干部的主观能动性，扩大农村党组织和党的工作覆盖面，提高基层党组织为群众服务的意识，积极协调解决群众急难愁盼问题，进一步密切党群、干群关系，夯实党在农村的执政基础。

四是压实责任担子。农村党组织要与换届同步选优配强村务监督委员会成员，基层纪检监察组织加强与村务监督委员会的沟通协作、有效衔接。不断强化农村基层党组织的日常监督，引导党员干部严格按照制度履行职责、行使权力、开展工作，推进村委会规范化建设和村务公开“阳光工程”，坚决惩治侵害农民利益的腐败行为。

94 | 如何健全常态化驻村帮扶机制？

全国自脱贫攻坚战以来，累计选派了第一书记和驻村干部大约300万名，在推动落实脱贫攻坚政策、组织实施扶贫项目、激发贫困群众内生动力、提升贫困村的治理水平等方面发挥了重要作用。全面实施乡村振兴战略的深度、广度、难度都不亚于脱贫攻坚，更需要进一步确立常态化驻村帮扶机制，助力新阶段驻村帮扶工作迈上台阶。

第一，强化组织保障。坚持县级统筹、精准选派，由县级党委和政府摸清选派需求，统筹各级选派力量，做到定村精准、派人精准、工作精准。各部门各单位党委（党组）要高度重视选派工作，将其作为抓党建促乡村振兴的重要举措。各级党委组织部门、农办、农业农村部门及乡村振兴部门具体牵头协调，加强工作指导。其他涉农部门密切配合，结合自身职能加强业务指导，做好有关工作。派出单位与第一书记和工作队所在村实行责任捆绑，党委（党组）负责同志每年到村调研指导、推进工作。把选派工作纳入乡村振兴实绩考核、党委（党组）书记抓基层党建工作述职评议考核的内容。

第二，因村派人、科学组队。坚持和完善向乡村振兴任务重的村、软弱涣散村和集体经济薄弱村选派驻村第一书记和工作队制度，确保工作不断、队伍不散、干劲不减。对巩固脱贫攻坚成果任务较轻的村，可从实际出发适当缩减选派人数。根据帮扶村的实际需求，对人选进行科学搭配、优化组合，按照派“最能打仗的人”，有针对性地选配政治素质高、工作能力强、身体健康、熟悉“三农”工作的人选，确保选优派强，发挥选派力量的最大效能。

第三，要严格管理驻村帮扶队伍。为提高驻村帮扶实效，驻村干部在驻村期间将与原单位工作完全脱钩，党员组织关系转接到所驻村，确保全身心专职驻村帮扶。此外，以重实干、重实绩、重担当为导向，明确驻村干部在新阶段的主要职责任务，完善督查考核制度，推动驻村工作队真蹲实驻。考核过程中深入听取村干部、党员、群众意见，全面了解现实表现情况。对考核较差、评价较低的驻村干部，要给予批评教育，造成不良后果的及时调整和处理。

第四，坚持严管和厚爱结合，切实关心关爱驻村干部。对于奋战在一线的驻村干部，激励与约束并重，既要压"担子"，又要卸"包袱"。加强对农村基层干部激励关怀，工作上支持、待遇上保障、心理上关怀，切实帮助解决实际困难，让驻村干部没有后顾之忧，确保选得优、下得去、融得进、干得好。对于考核优秀、实绩突出、群众认可的驻村干部，可优先提拔重用，真正把选派驻村工作作为培养锻炼干部的重要途径。

95　驻村第一书记和工作队的主要职责任务是什么？

全面推进乡村振兴，巩固拓展脱贫攻坚成果，乡村是主战场，人才队伍是关键。向重点乡村持续选派驻村第一书记和工作队，对乡村振兴战略的有序推动、各项工作的顺利进行具有重要意义。

第一，建强村党组织。建立有活力、有效力的村党组织，是第一书记和工作队的首要任务，也是乡村振兴战略的基石。建设有作为、有担当的村“两委”班子，使村“两委”能真正地服务村民；积极发展年轻党员，培养年轻干部；加强党组织建设，对党员进行教育管理监督，充分发挥党组织和党员作用，在乡村振兴中起到模范带头作用。

第二，推进强村富民。乡村振兴是为了村强民富，这也是第一书记和驻村工作队的奋斗目标。加快农业农村现代化、扎实推进共同富裕，做好常态化监测和精准帮扶，以巩固拓展脱贫攻坚成果；重点帮助村民发展乡村产业，发展壮大新型农村集体经济；推动农村精神文明建设、生态文明建设、深化农村改革、乡村建设行动等重大任务落地见效，促进农业农村高质量发展。

第三，提升治理水平。农村基层党组织是党在农村全部工作和战斗力的基础，是乡村治理体系中的主心骨，是新时代加强和创新乡村治理、推动乡村治理现代化的核心和领导力量。要推进乡村治理体系和治理能力现代化、提升乡村善治水平；推动健全党组织领导的自治、法治、德治相结合的乡村治理体系，加强村党组织对村各类组织和各项工作的全面领导，形成治理合力；推动规范村务运行，完善村民自治、村级议事决策、民主管理监督、民主协商等制度机制；推动化解各类矛盾问题，实行网格化管理和精细化服务，促进农村社会和谐稳定。

第四，为民办事服务。第一书记和工作队的宗旨是为人民服务，为村民干实事。要保障和改善农村民生、密切党群干群关系，将国家政策“翻译”成通俗易懂的语言，为群众讲解，经常联系走访群众，提供各种服务，帮助群众解决急难愁盼问题；关爱群众中的困难人群，经常嘘寒问暖，协调做好帮扶工作；推动各类资源向基层下沉、以党组织为主渠道落实，不断增强人民群众获得感、幸福感、安全感。

96 | 如何选好用好管好乡村振兴带头人？

乡村振兴，关键在人。人才是打赢脱贫攻坚战和推动乡村振兴战略的核心动能。新时代乡村振兴战略的实施，需要各类人才作支撑，尤其需要懂农业、爱农村、爱农民的创新创业优秀人才挑大梁。因此，把人才振兴作为实施乡村振兴战略的重要抓手，选好用好乡村振兴带头人，具有深远的历史意义。

一是不断增强乡村的吸引力和承载力。既要强化政策保障，加强乡村人才振兴投入，搭建乡村引才聚才平台，拓展涉农人才在乡村建功立业的机会和空间；又要从软环境和硬件设施上给乡村人才干事创业提供便利，营造良好环境，吸引乡村振兴人才在农村筑巢生根，最大限度激发人才内在活力，让人才在农村留得住、干得好。

二是坚持培养与引进相结合，拓宽乡村人才来源。坚持广招英才、高效用才。一方面，深入实施现代农民培育计划，大力培养本土人才，提升农民素质。另一方面，不仅要吸引本地人才，有条件的地方还要引进在外打拼的农民工、退役军人、大中专毕业生和科技人员入乡创业。培养一批“田秀才”“土专家”“乡创客”，推动专业人才服务乡村，吸引各类人才在乡村振兴中建功立业，构建起农村发展人才网络。

三是充分发挥乡村振兴带头人示范引领作用。让农村带头人在产业发展中脱颖而出，使其在农村发展有获得感和成就感，既体现自身价值，又有理想的收益。从而吸引和鼓励更多人才投入到乡村振兴的热潮之中，壮大乡村振兴人才队伍，最后带动一方、辐射一片，激活乡村振兴活力。

97 | 什么是巩固脱贫成果后评估？

2021 年 2 月 25 日，习近平总书记在全国脱贫攻坚总结表彰大会上明确提出，适时组织开展巩固脱贫成果后评估工作，压紧压实各级党委和政府巩固脱贫攻坚成果责任，坚决守住不发生规模性返贫的底线。贯彻落实习近平总书记重要讲话精神和党中央、国务院决策部署，中央农村工作领导小组研究制定《巩固脱贫成果后评估办法》，为开展巩固拓展脱贫攻坚成果同乡村振兴有效衔接考核评估提供了制度保障。为减轻基层负担，2021 年，中央农村工作领导小组将巩固脱贫成果后评估、东西部协作考核评价、中央单位定点帮扶工作成效考核评价 3 项考核工作统筹整合为巩固拓展脱贫攻坚成果同乡村振兴有效衔接考核评估。

对象范围上，巩固脱贫成果后评估的对象为中西部 22 省区市党委和政府。组织实施上，在中央农村工作领导小组领导下，由中央和国家机关有关部门组成工作组负责组织实施，日常工作由国家乡村振兴局承担。考核评估内容上，巩固脱贫成果后评估突出以乡村振兴为引领，主要评估巩固拓展脱贫攻坚成果同乡村振兴有效衔接的责任落实、政策落实、工作落实和成效巩固四个方面情况，既关注巩固拓展脱贫攻坚成果、牢牢守住不发生规模性返贫的底线，也关注乡村振兴有关工作推进情况。具体内容指标，每年根据党中央、国务院的新部署新要求和工作进程、阶段特点，制定年度工作方案进行细化优化。方式方法上，巩固脱贫成果后评估，采取实地评估与平时情况相结合、客观成效与群众评价相结合、定量分析与定性分析相结合的方式进行综合评价。结果运用上，考核评估结果经审定后予以通报，并送中央组织部，作为对省级党委和政府领导班子、主要负责同志综合考核评价，以及中央管理的领导班子和领导干部年度考核等工作的重要参考。对评价结果好的省区市和中央单位予以表扬，对典型经验进行宣传推广。对存在突出问题的，根据不同情况综合采用约谈提醒、挂牌督办、责任追究、督促整改等措施。

98 什么是市县党政领导班子和领导干部推进乡村振兴战略实绩考核？

市县党政领导班子和领导干部推进乡村振兴战略实绩考

核，是对各市县党政领导班子和领导干部在乡村振兴工作中的成绩进行考核，通过设置考核标准，使市县党政领导班子和领导干部把握工作重心，明确职责，监督和规范干部的工作和行为。这对加强党对农村工作的全面领导，压实工作责任，强化制度保障，推动乡村全面振兴具有重要意义。

第一，强化五级书记抓乡村振兴的工作机制。要深入贯彻落实《中国共产党农村工作条例》，健全中央统筹、省负总责、市县乡抓落实的农村工作领导体制，将脱贫攻坚工作中形成的组织推动、要素保障、政策支持、协作帮扶、考核督导等工作机制，根据实际需要运用到推进乡村振兴中，建立健全上下贯通、精准施策、一抓到底的乡村振兴工作体系。省、市、县级党委要定期研究乡村振兴工作。县委书记应当把主要精力放在“三农”工作上。

第二，加快乡村振兴干部队伍的建设。乡村振兴的各项政策和工作需要基层干部一一落实和完成，建立一支积极进取、务实肯干、甘于奉献的乡村振兴干部队伍是乡村振兴战略顺利进行的关键。加快建设政治过硬、本领过硬、作风过硬的乡村振兴干部队伍，选派优秀干部到乡村振兴一线岗位，把乡村振兴作为培养锻炼干部的广阔舞台，对在艰苦地区、关键岗位工作表现突出的干部优先重用。

第三，调动市县党政领导干部工作积极性。对市县党政领导班子和领导干部开展乡村振兴实绩考核，纳入党政领导班子和领导干部综合考核评价内容，加强考核结果应用，注重提拔使用乡村振兴实绩突出的市县党政领导干部。对考核排名落后、履职不力的市县党委和政府主要负责同志进行约谈，建立常态化约谈机制。

99 如何理解高质量发展综合绩效评价？

高质量发展综合绩效评价是推动高质量发展的保障性工作，是引导和监督各地各部门加快形成符合高质量发展要求的政策体系、标准体系、统计体系、政绩考核的重要依据。开展高质量发展综合绩效评价，应做到以下三点。

第一，要科学合理地设置评价指标。评价指标不能一刀切，不同地区有不同的特点，要根据本地区的实际情况，科学合理地设置评价指标，要做到精细化、精确化和精准化，做到既要看现实成效，也要看长远发展，既要看政府债务、生态环境等大方面，也要看公共服务和民生保障等具体工作，发挥评价指标对引导高质量发展的“指挥棒”作用。

第二，要通过加强对评价指标的监测和分析，引导各地及时发现问题、补齐高质量发展短板。评价指标的作用不仅仅是考核，考核是监督，指标的作用是通过对这些指标持续监测和不断分析，及时发现问题、解决问题，要看到薄弱环节，及时制订计划、开展工作，补齐短板，真正实现高质量发展。

第三，要突出评价结果的运用，强化对各地改进高质量发展重点领域工作的激励引导作用。《关于改进推动高质量发展的政绩考核的通知》中指出高质量发展综合绩效评价是地方各级党政领导班子和领导干部政绩考核的重要组成部分，要突出评价结果的运用，把高质量发展综合绩效评价和政绩考核结合起来，让各级党政领导干部和基层工作人员自发对高质量发展重视起来，对其重点领域工作重视起来，根据制定的高质量发展的评价指标，研究政策，制订计划，落实工作，激励引导他们在推动高质量发展中扛重活、打硬仗、创实绩。

100　推进移风易俗、建设乡风文明的工作重点是什么？

推进移风易俗、建设文明乡风，是实施乡村振兴战略一项非常重要的工作，是培育和践行社会主义核心价值观的必然要求，也是当前农民群众最为关心的现实问题。“乡村振兴不振兴，要看乡风好不好”，必须坚持物质文明和精神文明一起抓，提升农民精神风貌，不断提高乡村社会文明程度。

一是加强党的领导。各级党委和政府要把推进文明乡风建设作为实施乡村振兴战略一项重要的任务，深入研究当前婚丧陋习、孝道式微等问题的形成原因，建立有效的工作机制，制定有针对性的政策举措。落实农村基层党组织的责任，教育引导农村的广大党员干部要以身作则，率先垂范，发挥好农村党员干部的模范带头作用。

二是坚持依靠群众。农民群众是文明乡风建设的主体，乡风文明建设必须尊重农民意愿，发动广大农民积极参与，扎实稳步地推进。要增强农民的主体作用和主人翁精神，有效发挥村民自治的重要作用，创新工作措施和方法，让群众真正成为这个新风的制定者、执行者、评议者和受益者，做到自我管理、自我约束、自我提高。

三是要依法依规。推进移风易俗、建设文明乡风，需要制度和机制来予以引导和推动，必须加强制度保障，实施有效管理。在相关法律法规修订中要增加文明乡风建设的相关内容。对不赡养、虐待父母等行为要加大惩处力度。出台有关政策措施要符合法律法规，村规民约内容要符合宪法和法律精神。

四是加强教育引导。要深入教育宣传和发动群众，以社会主义核心价值观为引领，广泛开展内容丰富、形式多样的宣传教育，加强文化引领、强化价值认同，注重实践养成，采取群众喜闻乐见、具有地方特色的形式，培育熏染群众道德情操。建立激励机制，发挥典型的示范引领作用，把中华传统美德和现代文明观念转化为群众的行为习惯和准则。

五是坚持因地制宜。推进文明乡风建设，要与当地经济社会发展水平和文化传统相适应，充分尊重当地习俗，充分考虑群众习惯和接受程度，最大限度地体现全体村民意愿，不搞强迫命令，不搞“一刀切”。

101｜如何以党风政风引领农村新风？

“村看村、户看户、群众看干部。”在新时代农村精神文明建设中，要以良好的党风政风引领农村新风，充分落实农村基层党组织的责任，发挥好农村党员干部的模范带头作用。

一是党员干部要发挥模范带头作用。督促各级领导干部在推进移风易俗、建设文明乡风的过程中走在前列，以身作则，成为农村新风的践行者、引领者、宣传者。开展党员联系农户，党员户挂牌等活动，培育良好的党风政风，全面融入群众、带动群众。

二是党员干部操办婚丧事宜的报备制度。严格要求各级党员干部宴席宴请的范围和标准，鼓励党员干部在婚事新办、丧事简办等方面作表率，坚决杜绝党员干部变相收受礼金，对违规收受的礼品礼金要自行清退。依靠群众成立移风易俗小组，发挥好群众监督的作用，常态化开展移风易俗宣传，引导群众自觉抵制不良风气。

三是地方各级纪检监察部门要根据党内规章制度对党员干部婚事新办、丧事简办等作出具体规定，发挥好组织监督的作用，对违反相关规定的党员干部要进行严肃处理。将推进农村移风易俗工作的相关情况作为考核干部选拔任用、评先奖优、问责追责的重要参考，对文明乡风建设工作成效显著的予以奖励，对工作不力的要严肃问责。

102 如何深入开展农村道德教育？

乡风文明建设需要以农民思想道德素养提升为支撑。因此，要把道德教育作为新时代文明实践中心的重要工作，以社会主义核心价值观为引领，广泛开展内容丰富、形式多样的宣传教育，不断引导广大农村群众“爱党爱国、向上向善、孝老爱亲、重义守信、勤俭持家”。

一是推进道德文化阵地建设。要采取符合农村特点的方式、方法、载体开展农村思想道德建设。充分发挥共青团、妇联等群团组织作用；强化家庭、学校主体责任；充分利用县乡电视广播系统，乡镇政务场所、农村集市、村务公开栏、乡村大喇叭、乡村文化墙等这些阵地，直接开展面向农村群众的宣传。同时善于运用网络信息技术搭建加强农村思想道德建设的新平台。另外，不断丰富农村地区公共文化产品和服务供给，如组建乡村道德模范宣讲团，支持以树立正确道德观念主要内容的各类演出活动，培育熏染农村群众的道德情操。

二是充分发挥典型示范带动作用。培育、选树和宣传群众身边婚事新办、丧事简办、孝亲敬老等方面的典型和模范人物，广泛开展星级文明户、文明家庭等群众性精神文明创建活动，充分发挥他们的榜样示范作用，用身边的鲜活的案例进一步引导基层群众树立正确的道德观念，让群众学有榜样、赶有目标。

三是持续营造弘扬文明乡风的实践氛围。要发挥群众的主体作用和主人翁精神。文明观念的树立、文明生活态度的树立，既需要教育引导，更需要亲身参与到实践当中。结合农村的实际，持续推动中国特色社会主义文化融入农村社会的思想道德教育、文化知识教育和社会生活实践的各个环节、各个方面，如挖掘春节、清明、七夕、中秋等传统节日中蕴含的正确的婚丧观和中华孝道的文化传统。推进农村敬老爱老和婚丧嫁娶志愿服务，开展邻里互助和爱心公益活动，让农村群众在参与中改变观念，在实践中巩固新的文明意识。

责任编辑：池　溢
装帧设计：胡欣欣

图书在版编目（CIP）数据

巩固拓展脱贫攻坚成果同乡村振兴有效衔接百问 / 中国扶贫发展中心 组织编写 .—北京：人民出版社，2024.1
ISBN 978－7－01－026326－7

I. ①巩… II. ①中… III. ①扶贫－关系－农村－社会主义建设－中国－问题解答 IV. ① F126–44 ② F320.3–44

中国国家版本馆 CIP 数据核字（2024）第 015541 号

巩固拓展脱贫攻坚成果同乡村振兴有效衔接百问
GONGGU TUOZHAN TUOPIN GONGJIAN CHENGGUO TONG
XIANGCUN ZHENXING YOUXIAO XIANJIE BAIWEN

中国扶贫发展中心　组织编写
人民出版社 出版发行
（100706　北京市东城区隆福寺街 99 号）

北京中科印刷有限公司印刷　新华书店经销

2024 年 1 月第 1 版　2024 年 1 月北京第 1 次印刷
开本：880 毫米 ×1230 毫米 1/32　印张：6.25
字数：102 千字

ISBN 978－7－01－026326－7　定价：29.00 元

邮购地址 100706　北京市东城区隆福寺街 99 号
人民东方图书销售中心　电话（010）65250042　65289539